箱根駅伝

「今昔物語

100年をつなぐ
言葉のたすき

日本テレビ 編

文藝春秋

箱根駅伝「今昔物語」

100年をつなぐ言葉のたすき

第二章　戦後の復興と三強の時代　71

第三章　群雄割拠の戦国時代　115

第四章　テレビ中継と箱根駅伝100年

序章

「今昔物語」が結ぶ
箱根駅伝の「今」と「昔」

1920年に産声を上げた箱根駅伝は、戦争によって2度の中断がありながらも、2024年に第100回大会を迎える。日本テレビが箱根駅伝の中継を始めたのは1987年の第63回大会から。その初回から今日まで変わらずに続いている名物コーナーが「箱根駅伝　今昔物語」だ。

中継の途中にはさまれる3分ほどのこのコーナーでは、「今は昔」で始まる説話集『今昔物語集』を連想させるコーナー名の通り、過去の大会に出場した選手やエピソードなどを紹介している。100回を数える箱根駅伝の歴史があってこそ成り立つコーナーともいえる。

そもそも「今昔物語」が作られるようになったのは、やむを得ない事情からだった。箱根駅伝のコースには山間部が含まれるため、当時の中継技術では電波が届かず、レース映像が途切れることは不可避。そのための穴埋めとして考案されたのが、過去のエピソードを紹介することだった。1本につき約3分のVTRだが、当初は映像が途切れる時間が長くなる恐れがあったため、3分バージョンの他に、5分、10分のロングバージョンも用意されていたという。

箱根駅伝は、スポーツ中継には珍しいことだが、スタッフに放送作家が関わっており、「今昔物語」のリサーチ、取材を行う。その肩書きが〝放送作家〟ではなく、〝語り部〟という独自の呼称なのは箱根駅伝ならではだ（ちなみに、中継のための放送マニュアルは〝放送手形〟と呼ばれており、ネーミングにもこだわりが見られる）。

語り部は、ディレクターと共に、かつて箱根路を駆け抜けたランナーや箱根駅伝に携わった人のもとに出向いて話に耳を傾け、そしてVTRにナレーションを付ける。彼らの想いを現代に呼び起こし、視聴者に届けるという点で、〝語り部〟という呼称はぴったりだ。

この語り部を放送の初回から2001年の第77回大会まで務めたのが、鎌田みわ子さんだ。

「初回の放送が終わった時に、テレビの影響力の大きさを思い知りました。取材した方に御礼の電話を入れると『鎌田さん、へろへろだよ』と言うんです。聞くと、『今昔物語』に2分、3分出ただけで電話が7日くらいまで鳴りっぱなしで、初詣も行けないほど、反響が大きかったそうです。それを聞いて、心しなきゃと思いましたね」

鎌田さんは当時をこう回想する。

当初は、初代プロデューサー、坂田信久が事前取材で収集したネタや、1978年発刊の『箱根駅伝60年　母校の栄誉に青春を賭けて』（山本邦夫著）などの書籍をもとに取材対象者を選定していたが、鎌田さんは独特の方法でネタを探した。それは、ダイヤグラムのように区間ごとの順位変動を表した折れ線グラフからレースを読み解くというものだ。

「趣味で第1回大会からの折れ線グラフを作っていた方が、『お役に立てれば』と日本テレビにその折れ線グラフを綴じたものを寄贈してくださったんです。その折れ線を見ていくと、例えば、急にガクンと順位が下がるところがあるんです。つまり、ブレーキをしていたわけですよね。こんなふうに極端な順位変動があるところに、人を引き付けるエピソードが潜んでいるのではないかと考えました。それから各大学のマネジャーに連絡して、当事者の方の電話番号や住所を教えていただいて、お話を伺いに行きました。今ほど個人情報にうるさくない時代でしたから（笑）」

このようにして、これまで語られることのなかったエピソードを鎌田さんは拾い集めていった。

「『箱根駅伝の取材をしたい』と言うと、それが魔法の言葉のようで、皆さん、協力してくださいました」と鎌田さんが言うように、最初の電話では挨拶だけで済ませるつもりが、ついつい1時間、2時間と長話になってしまったという。

インタビューした方に、次の取材対象者を紹介してもらうことも多かった。

「『他に記憶に残っている選手はいますか？』と聞くと、すぐに何人も候補を挙げてくださるんです。箱根を走った方々はつながりが強いんでしょうね」

その結びつきの強さに驚かされたという。過去に遡る「今昔物語」の取材は、もちろん根気を要したが、案外円滑に次の取材が決まっていった。

戦時下を駆け抜けたランナーの悲痛な声

しかし、例外もあった。それは太平洋戦争のさなか、唯一行われた第22回大会を走ったランナーたちだ。

「第22回大会の選手たちだけは、お互いに連絡を取っていなかったんです。私は図々しいので、その理由を聞いてみたんです」

そこには悲痛な理由があった。

戦局が悪化するなか、第22回大会は昭和18年（1943年）の1月に開催されたが、同年10月には出陣学徒壮行会が明治神宮外苑競技場（後の国立競技場）で挙行され、それまで徴兵を猶予されていた学生が戦地に赴いた。いわゆる学徒出陣だ。第22回大会を走った学生ランナーの多くも出征し、若くして帰らぬ人となった者もいた。

『生きているかどうかわからないし、〝戦死した〟っていうのを聞くのが辛いから連絡をとらないんだ』

鎌田さんの問いかけに対して、当時のランナーは、声を絞り出すようにこう答えたという。

「それをお聞きした時は声が出ませんでした。ものすごく重たい大会だったんだなって感じましたし、そこに踏み込んでいいんだろうかって思いました」

鎌田さん自身も取材を進めるにあたって葛藤を抱えた。それだけに、第22回大会を紐解いていく作業は難航したという。だが、こうして箱根駅伝が100回目の継走を迎えられるのは、当時の学生たちの情熱があってのことだった。

なぜ痛み止めを打ってでも走ったのか

かつての箱根ランナーに数多く接してきた鎌田さんが「第22回大会の方を除いて」という前提で、最も印象に残っているというのが竹中正一郎さんだ（40ページ）。竹中さんは、1932年、第13回大会の慶應義塾大学の優勝メンバーで、同年のロサンゼルス五輪には5000mと10000mの2種目に出場したオリンピアンでもあった。

慶大のチームメイトには同じくロス五輪代表が決まっていた北本正路さんがおり、慶大の初優勝への機運が高まっていた。しかし、箱根駅伝の1週間前に竹中さんは右膝を負傷するという緊急事態に見舞われてしまう。

「膝の皿にヒビが入っているのに、竹中さんはレースに出るんですよ。しかも、その年の夏にオリンピック出場も決まっているのに。なのに、なぜ痛み止めを打ってでも走ったのか……。もちろん優勝したいという思いもあったと思うんですが、『あいつが待っているから』という思いが大きかったそうです。何十年も前のランナーも、現在のランナーも、同じような感覚を持って走っているんですよね」

鎌田さんがインタビューした時には、竹中さんはすでに80歳になっていたが、当時の後遺症があって足を引きずっていた。そんな状態になるのがわかっていても、鎌田さんが『もう1回走れと言われたら、注射を打ってでも走りますか?』と尋ねると、迷うことなく『もちろん』と即答したという。

鎌田さんが続ける。

「『本当の楽しみは苦しみを突き抜けたところにあるんですよ』と竹中さんはおっしゃるんです。当時はまだスポーツは遊びの延長と思われていた時代で、竹中さんは陸上は辞めたと父親に嘘をついてまで走り続けました。日本代表としてオリンピックに出場するのだから、当然嘘はばれるんですが(笑)、その根底にあったのは走ることが好きという思いだけ。竹中さんのお話はものすごくリアルだし、胸に刺さりました。ただのエピソードではなくて、生きる哲学みたいなものまで教えてくれた気がします」

「今昔物語」こそが箱根駅伝を箱根駅伝たらしめる

技術の進歩により全区間での生中継が可能となり、今となってはレース映像が途切れる心配もなくなった。それなのに、日本テレビの箱根駅伝の中継には今も「今昔物語」が挿入される。

「今昔物語」が放映される約3分間で、レースは1㎞も進む。その間にもドラマは起きているわけだから、「今昔物語」を流さずに「現在進行しているレースを見せた方がいいのではないか」という意見は、制作スタッフの間で交わされたこともあれば、当然視聴者から届くこともある。それでも、歴代のディレクターたちは「今昔物語」をやめることはなかった。

「レースが白熱する中、3分間のVTRを流す時間を作るのは大変なことです。そんな中、あえてディレクターが『今昔物語』を残しているのはすごいことだと思います。そこから視聴者が感じるものものすごく大きいんじゃないかな」

鎌田さん自身、後進に〝語り部〟を引き継ぐ頃になって「もしかしたらこれはすごく大事な仕事なのかもしれない。『今昔物語』こそが箱根駅伝を箱根駅伝たらしめる大事な部分なのかな」と考えるようになった。

「絆とか魂と言うとありきたりな言葉になってしまいますが、箱根には何か一本通っているものがある。個々のレースだけでは見えてこないけれど、『今昔物語』があることで、連綿とつながっているものを実感できるんです。時代が違っても、走っている学生たちが心の中に燃えたぎらせている思いや熱量に違いはないと思うんです」

鎌田さんがこう話すように、「今昔物語」は、箱根駅伝の今と昔とをつなぐ役割を果たしているのかもしれない。

「放送のあと、視聴者からお葉書がたくさん届くのですが、皆さん、学生ランナーの姿に自分の人生を重ね合わせて見てくださっているんですね。何より私自身がそうでした。失速した人、つなげなかった人、成功しようが失敗しようが、毎回熱くなれる。それは、いつの時代のどんな場面でも変わらないんですよね」

「今昔物語」で取り上げた学生ランナーに限らず、箱根駅伝を走った経験はそれぞれのランナーにとって特別なものに違いない。だが同時に、それらは普遍性を帯びたエピソードの宝庫でもある。だからこそ、いつの時代にも見る人の共感を呼ぶのだろう。

箱根駅伝100回の歩み

第1回（大正9年／1920年）2月に東京高等師範・明治・早稲田・慶應義塾の4校で第1回大会を開催。優勝は東京高等師範
第5回（大正13年／1924年）前年9月に発生した関東大震災の影響で一部不通のコースを変更して実施
第8回（昭和2年／1927年）前年末の大正天皇崩御の喪に服し、昭和で初めての大会は4月開催に
中　止　太平洋戦争で2年間中止（昭和16－17年／1941－1942年）。昭和16年1月と11月に明治神宮・青梅熊野神社間で鍛錬継走「青梅駅伝」開催
第22回（昭和18年／1943年）戦時下、戦勝祈願の関東学徒鍛錬継走として、靖国神社・箱根神社間で実施
中　止　太平洋戦争で3年間中止（昭和19－21年／1944－1946年）
第23回（昭和22年／1947年）戦後復活大会
第32回（昭和31年／1956年）箱根駅伝予選会が始まる。基本出場校15校制の導入
第33回（昭和32年／1957年）本大会上位に次回大会のシード権制を導入
第35回（昭和34年／1959年）節目の大会として予選会次点の埼玉大が特別出場し、16校で実施
第40回（昭和39年／1964年）中央大6連覇。記念大会で立命館大・福岡大が招待出場し、17校で実施
第41回（昭和40年／1965年）予選会が16㎞から20㎞レースに変更
第49回（昭和48年／1973年）日本体育大5連覇。自衛隊の協力で伴走車にジープ導入
第50回（昭和49年／1974年）記念大会で歴代優勝校を招待し、20校で実施（第60回大会も同様）
第63回（昭和62年／1987年）日本テレビが初めての「往路・復路」地上波全国生中継を実施

第64回（昭和63年／１９８８年）伴走して声掛けする監督車がこの大会を最後に一時廃止
第65回（昭和64年／１９８９年）日本テレビ「往路・復路」全区間完全生中継化。この大会から監督、コーチは大会関係車両に分乗し、声掛け禁止
第70回（平成６年／１９９４年）記念大会で予選会通過を５校増やし、20校が出場
第79回（平成15年／２００３年）19校＋関東学連選抜の基本20チーム制に移行。シード権は10位まで。運営管理車での伴走と声掛けが戻る
第80回（平成16年／２００４年）記念大会で日本学連選抜を編成し、計20チームで実施。予選会は芦ノ湖畔16・３㎞で特別開催
第85回（平成21年／２００９年）記念大会で予選会通過を３校増やし、23チームで実施（第90回大会も同様）
第88回（平成24年／２０１２年）前年３月に発生した東日本大震災を乗り越えて通常開催
第91回（平成27年／２０１５年）20校＋選抜チームの基本21チーム制に移行。函嶺洞門バイパス化でコース迂回
第92回（平成28年／２０１６年）箱根大涌谷の噴火・火山活動活性化での中止危機を乗り越えて通常開催
第95回（平成31年／２０１９年）予選会がハーフマラソン化。記念大会で２校増やし、23チームで実施
第97回（令和３年／２０２１年）新型コロナの感染拡大で予選会は無観客開催。本大会は沿道観戦の自粛を要請して実施（第98回大会も同様）
第99回（令和５年／２０２３年）予選会・本大会ともに観客が戻るも声出し応援は自粛を求めた
第100回（令和６年／２０２４年）記念大会で選抜チームを休止し、23校で実施。予選会を全国化も関東以外からの出場はならず。日本テレビが、「予選会」としては初の地上波全国生中継

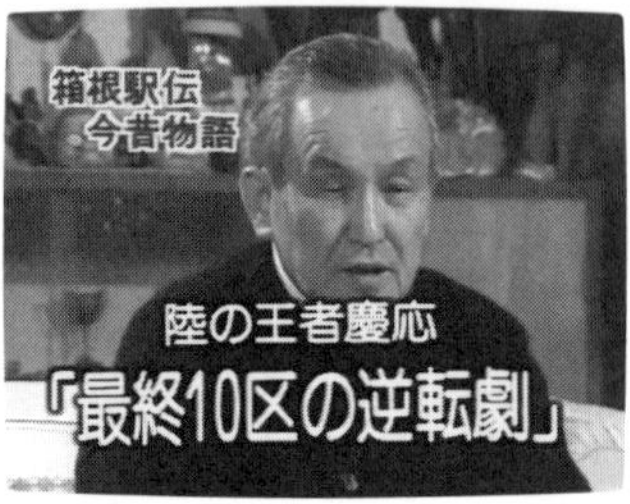

名殘りの健脚も快速調
召集令狀懷中に
驛傳街道を驀ら
文理大・伊藤君その儘征途へ

第一章

箱根駅伝の誕生と太平洋戦争

第1回(1920年)~第23回(1947年)

大正9年に開催された第1回大会に出場したのは
わずか4校だった。その後、徐々に参加校は増えたが、
戦争の激化で大会が中止になるなど、存続の危機を迎える。
しかし、戦後、関係者の尽力で、昭和22年に復活を果たした。
復活大会に参加したのは10校。優勝は明治大だった。
箱根駅伝は戦争を乗り越え、次の世代へと襷をつないだのだ。

1　箱根駅伝誕生の瞬間

明春、箱根あたり迄対抗長距離リレーを催して長距離の発達を計ることに議した。

金栗四三（箱根駅伝創設者）

箱根から世界へ。それは箱根駅伝の創設者、金栗四三の夢でもあった。

明治45年、ストックホルムオリンピックに、20歳の金栗四三はマラソン代表として出場。日本人初のオリンピック選手となった。しかし、肝心の競技では熱中症に倒れて途中棄権。無念と同時に、世界の力を思い知った。

どうすればもっとマラソンの技を磨けるか。思いついたのが駅伝競走である。仲間と一緒なら走ることも楽しい。大学対抗戦なら、選手にも力が入る。問題はどこを走るかだ。平成24年に初めて公開された金栗の日誌には、箱根駅伝誕生の瞬間が記されている。

時は大正8年11月15日、「車中、沢田（栄一）や早大生に明春、箱根あたり迄対抗長距離リレーを催して長距離の発達を計ることに議した」。

当初は日光から東京、あるいは水戸から東京、さらに話は膨らんで、アメリカ横断など様々な案が検討されたが、最終的には過去に駅伝が開催された実績のある東海道を走ることで話がまとまった。そして、ゴール地点に選ばれたのが足を鍛えるのにもってこいの天下の険の箱根。こうして生まれたのが箱根駅伝だ。

翌大正9年2月14日に、第1回大会がスタート。当時、出場したのはわずか4校（早稲田、慶應、明治、東京高等師範）のみで、有楽町の報知新聞前をスタートし、東海道から箱根小学校前のゴールに至るまで、往路優勝した明治大でも7時間30分36秒を要した。学生たちのフェアプレー精神を尊び、中継点以外は審判もいない。箱根の山中にどんな近道があるか、各校は秘策を練ったという。

初の学生対抗駅伝は世間の大きな注目を集め、足に覚えのあるランナーが競い合う舞台となる。それこそが金栗四三が思い描いた、日本マラソン強化の道だった。

2　200㎞のコースを巻き尺で測る

箱根の山（の距離）を測るのに大変だったって話をしてました。巻き尺で測って、夜中になっちゃってと。

澁谷壽光（元箱根駅伝審判長）

モノクロ写真の肖像は、いかにも優しげなジェントルマンだ。澁谷壽光さんは金栗四三の3つ下の後輩。学生時代はマラソンに励み、卒業後は金栗らと共に箱根駅伝を立ち上げ、日本陸連の創設にも携わった。

そんな偉人の素顔をよく知るのが、三女の鈴木幸子さんである。

「始めは山をね、箱根の山（の距離）を測るのに大変だったって話をしてました。巻き尺で測って、夜中になっちゃってと」

大正初期にはまだ距離計はなく、澁谷さんはなんと200㎞以上に及ぶコースの距離をすべて巻き尺で測った。大変だったのは山上り区間で、七曲がりの道を提灯で照らしながらの昼夜兼行の作業だったとか。いざ第1回の箱根駅伝がスタートしても、旧制小田原中学の教壇に立っていた澁谷さんの体が安まることはなかった。箱根の山中で日が暮れ、ランナーたちが困っていると聞くと、マラソンを指導する学生たちを引き連れ、一緒になって松明で選手の進む方向を指し示したという。

亡くなる前々年の昭和56年（第57回大会）まで、30余年にわたって箱根駅伝の審判長を務め、昭和39年の東京オリンピックでも陸上競技審判長を務めた澁谷さんは〝日本陸上界の父〟とも呼ばれた。生前、幸子さんにこんなことを話していたという。

「オリンピックは神様の前でやる競技なんだから、審判はね、神様の代わりに審判するつもりでないとダメだって言ってましたね。（箱根駅伝については）若い人たちの、正しい発展を望んでいると。一生懸命、学生の時にみんなで一緒に走ったりしているのが、一番何か人間形成の上でとか、社会に出てからも非常に役に立つから、と思っていたみたいですね」

3 第1回大会の記憶

景色的には東海道五十三次。安藤広重が描くところの面影が残っていたよ。

麻生武治（早稲田大学　第1回〜3回出場）

明治32年生まれのかつての早大生は、記念すべき第1回大会（大正9年2月14・15日開催）に出場した時の思い出をこんな言葉で振り返った。

「今から見たらずいぶん幼稚なものですよ。だいたいね、明大、高等師範、慶應、早稲田と、参加校が4校しかいないんだから。私はその時、9区でございまして、雪がちらつく中、短パンと半袖シャツ姿で走ってました。その最中に何を考えたかというとね、ああ鍋物が食べたいなと思ったんです。食いしん坊なものだから、そんなことばっかり（笑）」

麻生武治さんは当時20歳。この風変わりなレースが時代を超えて受け継がれ、年を追うごとに盛況になっていくとは思ってもいなかったという。自身は第２回、第３回大会にも連続で出場し、第３回は山上りの５区を走って早稲田初優勝に貢献した。

「有楽町のスタートが午後１時でしょ。箱根はもう夜ですよ。だから、第１回大会では同級生の三浦（弥平）くんが懐中電灯を持って走ったっていうね。宮ノ下辺りまでは電気が点いていたけど、小涌谷《こわくだに》の三河屋という旅館、そこを過ぎればもうキツネとタヌキの巣みたいなものだったから。当時は補欠もいない。伴走車もいない。国産のオートバイすらなかった。景色的にはね、東海道五十三次。安藤広重が描くところの面影が残っていたよ」

八ツ山橋を過ぎたところには遊廓があり、鈴ヶ森を越えると杉並木が残っていたという。

遠い記憶の中にある青春の箱根路。楽しい記憶が次々によみがえるのだろうか。麻生さんは陽気な口調で、「箱根八里の山道も、あれ見よ雲のあいだより——、なんてね」と、十八番である「鉄道唱歌」を口ずさむのだった。

4　辺りは真っ暗、沿道に人はなし

しょせんは提灯ですからね。走るとたちまち消えて真っ暗けになってしまう。

加藤木貞次（慶應大学　第1回、3回出場）

大正9年に始まった、第1回箱根駅伝。レースのスタート時刻は午後1時だった。開催日は大学の授業が昼まであり、学生の本分を優先したためだ。

慶應大の4区を走った加藤木貞次さんも、第1回大会に出場した選手の一人。思い出話をこう語る。

「私たち4区の平塚に選手が来たのは午後5時を過ぎてましたね。もう辺りは真っ暗で、伴走していた者が付近で提灯を買ってきたんです。それを持って自転車で追いかけてきたんだけど、しょせんは提灯ですからね。走るとたちまち消えて真っ暗けになってしまう。道も悪かったから大変でしたよ」

街灯も十分ではない、デコボコの砂利道を、加藤木さんは懸命に走った。いよいよ小田原の中継所が見えてきたとき、暗闇を照らす細い光がバイクの音と共に近づいてきたという。早稲田大に通う、幼なじみの浅岡信夫さんだった。

「頑張れ、加藤木！」

この声援に、加藤木さんは大いに励まされたと話す。

「各校の対抗意識が強くて、特に早稲田はライバルでしたからね。それなのに、彼はそれを度外視して私に声援を送ってくれたんです。当時は沿道にもほとんど人がいなくて、中継所付近に多少縁故者が応援に来ていたという感じでした。ですから、途中で聞いた友人の励ましは忘れられない。熱い友情を感じたものです」

その当時は審判長もおらず、レースの存在を知っているのは関係者ばかりだった。創設者である金栗四三が自転車に乗って、各中継所を回っていたという微笑ましいエピソードが残っている。

5　箱根生き字引ランナーの遠い記憶

寂しい、小さな駅伝でございました。

清水了一（慶應大学　第2回〜7回出場）

ボロボロになった一足の足袋に思いを馳せる。

「コースは旧東海道をもっぱら使いまして、道路は非常に土で走りにくかったと思います。それからぐねぐねと七曲りのコースがいくつもございました。靴とわらじの合いの子みたいなものを作ってみたり、それを選手に履いてもらって試すというふうなこともございまして。靴ばかりは非常に変化がございましたね」

そう話すのは、慶應大OBの清水了一さん。第2回から6年連続で箱根駅伝を走った、箱根の生き字引と言われる元ランナーだ。当時の道は凹凸が激しく、選手は裏側にゴムを貼り付けたゴム足袋を履いて20㎞の距離を走った。

記憶の中の箱根路は、現在の駅伝とはまるで違っている。

「始めは非常に寂しい、小さな駅伝でございました。ただもう、通行人が時々旗を振って応援してくれるぐらいのことで、なんということはございません。回を重ねるにつれ、〝駅伝の元祖〟みたいに言われてますが、こんなにも続くとは思いませんでした。よくまあ、続いたもんですなあ」

第2回大会には7校が参加して、「7大対抗駅伝競走」と名付けられた。続く第3回には10校が参戦。大らかな時代にあって、駅伝を走りたいという学生は徐々にその数を増やしていた。

インタビュー時、清水さんは101歳。箱根駅伝とはどんな存在でしたか、と尋ねると、パッと表情が華やいだ。

「私にとってはね、やっぱり若いときの花ですね。箱根駅伝を走ったがために、非常に快適な人生を過ごすことができました」

選手としてだけでなく、清水さんは裏方として、戦後の箱根駅伝復活にも尽力した。まさに駅伝に尽くし、駅伝に愛された人生だった。

6　関東大震災からの復興

小田原は駅伝が来なけりゃ正月じゃないというようなところでしたからね。

尾崎尚子（小伊勢屋旅館女将）

あのとき感じた恐ろしさを、女将さんは今も忘れられないでいる。

「鴨居が落っこって、これくらい（30㎝ほど）隙間が空いて、そこからやっと引きずり出されて。もうその5分後くらいで裏から火が出て（旅館が）燃えちゃいましたね。だからタッチの差で死んじゃうとこでしたけど。お堀端へ出ましたら、いきなり地が割れて、こんな深く。やっぱりその怖さはいまだに覚えてる」

大正9年に始まった箱根駅伝だが、その第5回大会を前に早くも開催の危機を迎えていた。大正12年9月1日、関東大震災が発生したのだ。震源地に近い小田原や、箱根のコースも壊滅的な被害を受けた。当時の小田原中継所の目の前にあり、日大などの常宿であった小伊勢屋旅館も崩壊。尾崎尚子さんはまだ6歳だった。

記憶にあるのは、見渡す限りの瓦礫の山。もう駅伝どころではなかった。しかし、少しずつ少しずつ日常を取り戻していくと、やはり駅伝が恋しくなったという。

「小田原は駅伝が来なけりゃ正月じゃないというようなところでしたからね」

年が明けた大正13年1月12日、一部のコースを変更しながら、箱根駅伝は開催された。選手たちはまだ瓦礫の残る東海道を縫うようにして走り続けた。以来、戦争による中断がありながらも、駅伝は未来へと襷《たすき》をつなぎ続けている。

中継所の場所は変わったが、小伊勢屋旅館17代目の女将となった尚子さんは、沿道に立っての応援を続けている。

「いつも言うんですよ。『ちゃんとブレーキしないように頑張ってらっしゃいよ』って。私が心配してもしょうがないんだけど、もうここ（5区の中継所）まで来ると嬉しくてね。思わず、涙が出てくるんですよ」

時代は変わっても、選手を想う女将さんの愛情は変わらない。選手もまた、女将さんの笑顔に元気をもらって、箱根の山へ颯爽《さっそう》と駆けだしていくのだ。

7　最多出場記録ランナーの青春

あいつは8回も駅伝に出ておかしいじゃないか。そういう声を私は聞かなかったです。

曾根茂（日本大学　第8回〜15回出場）

驚くべき経歴の持ち主である。

昭和2年から8年間、働いて学費を稼ぎながら日本大に通い、箱根駅伝に出場し続けた。計8度の出場経験は、今も破られることのない箱根駅伝の最多出場記録だ。かけがえのない青春の日々を、曾根茂さんはこう振り返る。

「昔はそれだけ鷹揚だったんでしょうね。あいつは8回も駅伝に出ておかしいじゃないか。そういう声を私は聞かなかったです」

中でも一番の思い出が、昭和3年に開催された第9回大会。日本大は優勝候補に挙げられながら、序盤で大きくつまずいた。3区の伊藤祐之は他校にも知られた実力者だったが、大ブレーキ。4区の中継所で待つ、曾根さんに襷が渡ったときは、順位が8位まで落ちていた。

「伊藤先輩がブレーキでフラフラになったんです。また抜かれた、また抜かれたと。それを知った熱血漢の前田（喜太平）先輩が走る前に言うわけですよ。『スケのやつがやられたばい。お前、しっかりやれよ！』って。そしたら私も頭に血が上ってしまいましてね。走っている最中はアップアップ。先輩の指示も聞かずに、とにかく全力でした。それでなんとか5位に順位を上げて小田原に駆け込むと、みんなが私を抱きかかえてくれたんです。やっぱり若いとき、自分の全力を出し切ったっていうのは私にとっては駅伝しかない。駅伝しかないですね」

曾根さんはこの大会で区間3位の力走。チームも過去最高順位の3位にくい込んだ。仲間たちからの熱い抱擁は、精一杯のねぎらいの気持ちだったのだ。

8　五輪ランナーがブレーキ！

腹が減ってはいくさができぬって、うまいこと言いやがったなと思ったね。

大木正幹（法政大学　第11回〜14回出場）

気風《きっぷ》の良さが話しぶりからもにじみ出ている。

法政大OBの大木正幹さんは400mを得意とする短距離走者として名を馳せ、在学中に五輪出場を果たしていたが、ひょんなことから箱根駅伝も走ることになった。

「うちの駅伝の選手が練習しているのを見てね、ノロノロしているから歯がゆくてしょうがないんですよ。思わず『お前たちだらしがないな』って言ったら、生意気なヤツだ、走ってみろってなったわけ。そしたら私が3番目くらいに速くて、強かったもんだからね、駅伝の練習に引っぱり込まれて。それから4回も箱根を走ることになっちゃったんです（笑）」

練習もそこそこに初めて出場した第11回大会で2区を走って区間3位の好走。長距離でも非凡な才能を発揮し、意気揚々と次の大会にも出場した。ところが、9区で出場したその年、思わぬブレーキを引き起こす。

「うぬぼれがあったんでしょうね。駅伝を甘く見て練習をサボったり、おまけに胃を壊したものですから、当日は胃散をガバッと飲んじゃったんですよ。それで横浜の駅前まで来たらお腹が空いちゃって、もう胃の中がカラカラ。その時に初めて、腹が減ってはいくさができぬって、うまいこと言いやがったなと思ったね」

沿道からもらったカステラで腹のすき間を埋め、なんとかもちこたえて襷をつないだ。

9区で失速したが、10区の選手が挽回し、法政大は過去最高順位の3位に入った。仲間のおかげとも言えるが、フラフラになりながらも途中で倒れなかった大木さんの粘走がなければ、この喜びはなかっただろう。

「あれにはホッとしたね。でも、こうやって私がブレーキしても、楽しんで話せるのは素晴らしいですよ。やっぱり駅伝って良いな。今でもそう思います」

9　箱根か右膝かという究極の選択

遊びというのは
それほど苦しいものだと思います。
苦悩の彼方にあるんだから。

竹中正一郎（慶應大学　第12回～17回出場）

レース本番を1週間後に控えた夜、慶應大の主軸である竹中正一郎さんは風呂場で転倒し、右膝を負傷した。医学博士でもある部長が非情な診断を告げた。

「部長は走れないって言いました。だけども『走ろうと思えば走らんこともないけども』と。ただ、『そうしたらお前の一生のために良くない』と言ったんですね。どうするんですかって聞いたら、『痛み止めの注射を打つんだ』って……」

走り出す直前に痛み止めの注射を打てば1時間は走れる。だが、膝の皿が割れた状態で20㎞もの距離を走れば後遺症が残るだろう。箱根駅伝を取るか、ランナーとしての未来を取るか。この究極の選択を前に、竹中さんの心は揺れた。

迎えた第13回箱根駅伝、7区のランナーを待つ平塚中継所に竹中さんの姿はあった。前のランナーが見えてきた頃に1本、襷渡しの直前に2本の注射を打ち、3位で襷を受け取る。走りは好調だったが、サイドカーで併走するマネージャーから1時間が経過したことを告げられると、足がすくんで動けなくなったという。痛み止めの効果が切れることを恐れ、思わずその場で立ちすくんだのだ。

「ですからね、僕みたいにブレーキした人間がテレビに映るでしょ。いつも推し量りますよ、どんな気持ちだろうなって。ほんとに気の毒だなと思いますよ」

ランナーの本能で襷をつないだが、タイムは自身が想定したよりも遥かに悪かった。竹中さんの右膝はその後、年を経るごとに動きが固くなり、歩くのにも支障を来した。しかし、当時の決断を後悔することはない。

「スポーツというのはね、魔の誘惑というのかな、今を楽しむためには体はどうなっても良いんだと。プラスの面はひとつもない。遊びというのはそれほど苦しいものだと思います。苦悩の彼方にあるんだから。遊びや喜びっていうのはね」

10　陸の王者慶應、最終10区の逆転劇

肉やなんかをご馳走してもらったから、その恩返しにどうしても優勝しなきゃならないんだと。

北本正路（慶應大学　第9回、11回〜14回出場）

「慶應は2番までは行くんだけど、なかなか優勝できなかった。それで私は先輩にこう伝えたんです。『卒業するまでにはどうしても優勝したい。だから先輩、選手を叱咤激励するために資金源をどんどんやってください』と。その代わりに必ず優勝して見せますからと啖呵を切ったわけです」

そう語るのは、慶應大ＯＢの北本正路さん。慶應は第１回大会から出場する古豪の一校だが、優勝がなかなか遠かった。北本さんは在学中に日本選手権の長距離種目で優勝、ロサンゼルス五輪の５０００ｍにも出場したほどの逸材で、チームを勝たせる自信があったのだろう。その才能が遺憾なく発揮されたのが昭和７年に開催された第13回大会だった。

この大会も慶應は後ろから追う展開。アンカーの北本さんに３位で襷が渡ったとき、トップを走る日本大とは６分29秒の大差がついていた。誰もがまた優勝は無理かと諦めかけたが、北本さんだけは違った。

「私はね、差が15分以内だったらいけると。スタートを切った時に必ず抜けるという信念を持って臨んだわけです。すぐに先輩から『お前速いぞ、スピードを落とせ』と言われたけども、頭の中にあの約束があったもんですからね。肉やなんかをご馳走してもらったから、その恩返しにどうしても優勝しなきゃならないんだと。それを運命づけられているというふうに私は考えていたんです」

２位早稲田大の背中を捉え、ついには首位日本大を抜き去り、北本さんは有言実行を果たした。慶應大唯一の優勝は、箱根駅伝の歴史に燦然《さんぜん》と輝いている。

11

日本大、箱根史上初の3連覇

襷が重いんですよ。目方にしたらどれくらいかわからないけども。

岩渕邦朋（日本大学　第17、18回出場）

毎年ただ一校のみが手にすることのできる優勝旗。現在の旗は5代目だ。初代の優勝旗は、じつは写真でしかその姿を見ることはできない。戦前にあった、こんな規定が関係している。3連覇を成し遂げたチームは優勝旗を永久所持とする――。

昭和12年開催の第18回大会で、史上初の3連覇を飾ったのが日本大だった。当時は日本大と早稲田大の力が拮抗。第15回大会から4年連続で1位と2位を分け合っていた。

この大会も序盤から両校が激しく競い合う。日本大で2区を走った岩渕邦朋さんはそのプレッシャーをよく覚えていた。

「襷が重いんですよ。目方にしたらどれくらいかわからないけども、たぐってみれば軽いですけども、後半さいけば（汗とプレッシャーで）重くなってしまって、自分が走れなくなるんですよ」

トップで襷を受けた岩渕さんだったが、後半になるにつれて失速し、早稲田大の追い上げを許した。区間4位ではあったが、ライバル校を含む3校に負けたことがよほど悔しかったのだろう。今もこんな思いに駆られるそうだ。

「今また走れるもんだったらね、もう一回、今度は自分のペースを間違わないように、走ってみたいなという気持ちはありますよ」

早稲田大との一騎打ちを制して手にした優勝旗だったが、戦争中に焼けてしまい、今はその旗竿が残るのみ。岩渕さんが「紺にねずみ（色）の混ざったような色だった」と言う旗の鮮やかさは、思い出の中でのみ輝いている。

12 開かずの踏切での立ち往生

うらめしかったね。ほんと、今見てもうらめしいよ。

明地邦整（日本大学　第19回、20回出場）

勝負の世界にタラレバは禁物だが、あの踏切さえなかったら、勝負はどう転んでいたかわからない。第20回大会で起きたハプニングの記憶を、日本大ＯＢの明地邦整さんが現場に立って振り返る。

「ずっと走ってきて、徐々にあれ（遮断機）が下がってくるのが見えたんですよ。ここまで来たなら潜ろうと思ってね。そしたら監督が、『やめろ、そんなことやったら死ぬぞ』と。それで慌てて立ち止まったんです」

明地さんが立ち往生したのは、かつて（バイパスができる第30回大会まで）戸塚に存在し、「開かずの踏切」として知られた「戸塚大踏切」だった。当時、日本大は4連覇中。ここまで専修大が1位を独走し、日本大は2位に甘んじていたが、6分54秒差であれば実力で上回る9区の明地さんと10区の石田正己で逆転は可能とみられていた。遮断機が下りていた時間は1分40秒ほど。

明地さんはどんな思いで電車が通り過ぎるのを待っていたのだろう。

「うらめしかったね。ほんと、今見てもうらめしいよ」

そこから猛追すると、トップとの差を5分30秒まで詰めた。そして、アンカーの石田も攻めた走りで前を追ったが、最後は1分47秒届かずに敗れた。遮断機が下りていた時間と展開の綾を考えれば、悔やむに悔やみきれない僅差だった。

「アンカーの石田君はスピードのある中距離選手だったからね。もう一押しとなれば、石田君が前に出たと思うんです。もしこの年も勝っていたら、日本大は7年連続（優勝）だったわけでしょ（日大は16回～19回、21回、22回で優勝）。何とも言えない気持ちだね」

明地さんが箱根駅伝を走ったのはこの年が最後だった。誇れる2位である。

13 召集令状を胸に走った1区

日本に帰れるかどうかもわからないと。まあ、死を覚悟してましたからね。いろんな感情が交じって涙が次々に出ました。

伊藤茂男（東京文理科大学　第17回〜20回出場）

「もう私、最後の年だから山上りがしたくてしょうがないんですね。で、前年の成績（5区区間11位）が悪いから、今年こそはと思って張り切っておったんですけれども、たまたま召集令状を受けたわけなんです」

そう話すのは、東京文理科（現筑波）大学ＯＢの伊藤茂男さん。日中戦争まっただ中の昭和14年、大学最後の年に召集令状が届いたのだ。この年の箱根は1月7日、8日に開催されたが、くしくも入隊期限は駅伝直後の1月10日。当時、故郷熊本には特急列車を使っても丸一日かかった。入隊の諸行事に間に合わせるには、レースを諦めなければならない。だが、伊藤さんは突拍子もないことを思いつく。最もスタート時刻の早い往路1区を志願すれば、なんとか入隊に間に合うと考えたのだ。

「最後の駅伝だ。自分の一生のこれは勝負だと思って、スタートラインについたわけなんです。なにくそっというような気持ちでいっぱいでしたね」

伊藤さんは区間2位の好走。その足を休める間もなく、小田原の合宿所へ直行した。そっと旅立つはずの小田原駅。そこで彼を迎えたのは、レース中にもかかわらず駆けつけた多くの旧友たちだったという。

「もう箱根の山もこれで見えない。日本へ帰れるかどうかもわからないと。まあ、死を覚悟してましたからね。興奮と寂しさと言いますか、いろんな感情が交じって涙が次々に出ました。乗客に見られて恥ずかしい思いがしたものです」

走り出した列車の中で伊藤さんは「さらば駅伝、さらば箱根」とつぶやいたという。

この物語には続きがある。入隊後に旧友たちから届けられた小包。そこには伊藤さんの力走を讃える新聞記事の切り抜きと、小さな記念のカップが入っていた。一世一代の力走は、文理科大1区の大学新記録だったのだ。

14 昭和16年、幻の大会

夜のちんまいちんまい冬の星みたいに、キラーっと輝いているんじゃないのかな。

石田芳正（早稲田大学　青梅駅伝出場）

100年以上に及ぶ歴史の中で、暗い影を落とすのが戦争による中断である。日中戦争が激化し、日本が第2次世界大戦へと突き進んでいた頃、箱根駅伝は中止され、代わりのレースが開催された。軍事物資輸送などを理由に東海道、箱根路が使用禁止となり、主宰の関東学連は断腸の思いでコースの変更を決めたのだ。

昭和16年1月と11月に開催された、明治神宮と青梅熊野神社を往復する全8区間のレースは「青梅駅伝」と呼ばれる。かつてはこれを箱根駅伝に含めるという見解もあったが、後に箱根駅伝とは別の大会と認定されたため、この2大会は「幻の大会」と呼ばれるようになった。

「名前だけは青梅で、鍛錬競争だとかなんとかになっているけど、走れるのは私もそうだし、他の連中もありがたいなという気持ちはあったと思うんですよ。ただ残念なのは、何百遍言っても、あれは箱根じゃなかったんだね……」

早稲田大OBの石田芳正さんは、幻の大会を走ったランナーの一人だ。青春のすべてを賭けて走った大会が箱根駅伝と認められず、そのことをどう思っているのか。

「不平不満というよりは、安らぎというか満足はあったわな。それが兵隊学校の中でも時々思い出して、ああそうか、箱根はダメだったけども、青梅は走れたからなと。こう一人でニヤッとしてるわね。それを2回やったから、戦後のあれにすぐに結びついたんじゃないかしら。第23回大会というか、いわゆる復活駅伝に。それは確かに言えますよね。だから青梅っていうのは、なんかちょっと置いてけぼりをくらったような駅伝競走だけど、あれはやっぱり山椒の味というか、夜のちんまいちんまい冬の星みたいに、キラーっと輝いているんじゃないのかな」

走った記憶は今も鮮明である。石田さんの思い出は、キラキラと輝いていた。

15 箱根駅伝復活に奔走

まあ、やってよかったと。これで将来の後輩たちにね、伝統として残せるなという気持ちでした。

中根敏雄（法政大学　第22回学連幹事長）

箱根駅伝には中断の歴史がある。昭和15年の第21回大会までは無事開催されたが、戦争の激化によってコースの一部を使用することができなくなったのだ。翌16年の1月と11月に一度ずつ、東京と青梅を往復する代替レースが行われたが、さらなる戦争の拡大によって駅伝存続すら風前の灯火だった。

そんな時代にあって、「関東学徒鍛錬継走大会」の名称で開かれた昭和18年の第22回は「奇跡の大会」と呼ばれる。時計の針を再び前に進めたのは、主宰の関東学連に所属していた若者たちだった。当時、学連幹事長として軍部との調整に当たった中根敏雄さんがこう証言する。

「箱根を走った先輩たちが次々に戦地で還らぬ人となっていく。私たちが継承しなければもう忘れられてしまうだろうと。とにかく箱根駅伝の伝統を残さなくちゃいけない。その一心でしたね」

なんとか軍部に認めてもらうために、戦勝祈願に名を借りた箱根駅伝の復活を目指した。スタート地点は靖国神社に変更し、ゴールは箱根神社に。参加選手はまず靖国神社で日本の戦勝を祈願してから走り出したという。スポーツでもメートル表示は尺に変更され、投擲《とうてき》競技は手榴弾投げと中身を大きく変えられた時代だ。復活に奔走した学生たちの苦労が偲《しの》ばれる。

「ほとんどの人が軍隊に入ってますからね。ですから大会の運営や審判もぜんぶ学生たちでやりました。3年振りの復活でしょう。沿道の方たちは喜んでくれましてね。合宿をやるにしても皆さん非常に協力的でした。お湯に米粒が浮かんでいるような食事しかない時代でしたけど、まあ、やってよかったと。これで将来の後輩たちにね、伝統として残せるなという気持ちでした」

16　人生最後の駅伝

22回の箱根駅伝は私の人生において最も美しい2日間でありました。

成田静司（日本大学　第22回出場）

再び母校の襷をかけたときの胸の高まりはどれほどだったのだろう。

昭和18年、あの奇跡のレースに出場した選手たちがいた。ほぼすべての学生スポーツが中止となる中、箱根駅伝が3年振りに復活。走れる喜びはもちろん大きかったが、そればかりではなかった、と日本大の6区を走った成田静司さんは話す。

「いよいよ始まるということでしたけど、靖国神社がスタートでしたよね。私は暗に、この大会が終わったら戦争へ行って、やがて（御霊が）帰るところはここだと。そんなふうなイメージがありましたよね」

成田さんは中距離の選手だったが、10人のメンバーを集めるために駆り出された。あらゆる物資が不足していた時代、マラソン足袋は貴重で、先輩たちが残していったサイズ違いの足袋を履いて長距離の練習に励んだという。レース当日のみ、新品の足袋が手渡され、心躍らせて箱根の山を下ったのだ。

「私はこれが人生最後の駅伝なんだと思って走りました。アンカーで逆転して、私たち日大が優勝。でもね、あの大会は勝敗は別として、レース終了後のことをよく覚えてます。ゴールしてくる選手たちを、大学に関係なく全員が涙と歓声で迎えたことです。各校の選手と肩をたたき合って、この物資不足の逆境によく耐えたと。先輩の援助とか応援によってね、なんとか走り抜いたということでみんなの健闘を祝し合ったわけです。駅伝が終わったら結局、私たちは空、海、陸といわゆる学徒出陣へ行ったわけですから。22回の箱根駅伝は私の人生において最も美しい2日間でありました」

成田さんはその後、特攻隊員となるも、出撃の一歩手前で戦争が終わり、命を長らえた。帰ったのは、両親の待つ青森県の弘前。リンゴの花咲く故郷だった。

17

フィリピンに散った「N」のユニフォーム

弟の姿を、駅伝になると、どうしてもだぶってくるんですよね。Nのマークを見ますとね。

山手修（日本大学に通う弟の学が第22回出場）

成田静司さんの「箱根駅伝　今昔物語」（54ページ）では、成田さんが50年にわたって書き続けてきた日記も紹介された。その一部、「明日は本当に体が挫けても粉々になる気で下るぞ。山手が待っているぞ、山手が」の一文を見て、テレビの前で激しく動揺した人物がいた。

山手修さんである。日記に書かれた山手とは、修さんの弟である学さんのこと。第22回大会で6区を走った成田さんが、襷を渡した相手が学さんだったのだ。

山手さんが戦争時の記憶に思いを馳せる。自身は徴兵で軍隊へ。3つ違いの弟が日本大の陸上部に入ったことは国からの手紙で知った。さらに、広島の実家から手紙が届き、学さんが箱根駅伝を走ることを知る。だが、レースの結果まではわからなかった。弟はどんな走りをしたのだろう。無事に襷をつなげたのだろうか。

次に知ったのは、弟がシューズを軍靴に履き替え戦地に赴いたことだった。学徒出陣で特攻隊に配属された学さんは、日本へ帰って大学に復学することなく、母校日本大の「N」のユニフォームを着てフィリピンの空に散ったという。

「だから、成田さんの言葉が弟の心情のようにも聞こえてきましてね……。弟は箱根駅伝の7区を走った。襷をつないで、優勝メンバーにもなった。自分ではきっと、悔いのない人生を送ったと思います。弟の姿を、駅伝になると、どうしてもだぶってくるんですよね。Nのマークを見ますとね」

山手さんは早稲田大OBだが、箱根駅伝になると、Nのユニフォームを着た選手にも惜しみない声援を送るという。亡き弟の姿を、そこに重ねているのだ。

18　戦時下での覚悟と友情

この駅伝が終われば戦場だと。最後の走りだということで頑張ったんじゃないですかね。

児玉孝正（慶應大学　第22回出場）

児玉孝正さんが「最後」と話すのは、戦時下で行われた第22回大会（昭和18年）のことだ。長引く戦争に終わりは見えず、学生スポーツも次々に中止に追い込まれた。当時、慶應大に通う児玉さんも、いよいよ「兵隊というのが目前に迫ったな」と覚悟をしたという。箱根駅伝の開催は楽しみだったが、希望があったわけではない。

「ものが食べたい盛りの年齢の連中が集まってんだけど、食べ物がないんですよね。腹が空いた。その中で走るんだから。それはやっぱり辛かったですよね」

迎えたレース本番。児玉さんは4区を任された。1分47秒差の2位で襷を受け取ると、ただひたすらトップの日本大を追いかけた。

「確かあれは大磯じゃなかったかな、少し山に上る坂道ですよね。その辺で本当にはっきり（トップが）見えたんですよ。近くへ行くと相手の息づかいがね、聞こえてくるんですよ。併走はあんまりしなかったかな。さっと抜いたかな。でトップに立ったと。襷を渡して、自分でも嬉しかったことは覚えてますね」

慶應はそのままトップを守り、往路優勝を果たした。しかし復路で日本大が再逆転。優勝を譲ったが、レース後には大学の垣根を超えた熱い友情の絆があったという。

「みんな苦しみながら走り抜いたという誇りがありましたね。この駅伝が終われば戦場だと。最後の走りだということで頑張ったんじゃないですかね」

そして、平和に暮らす今も、あの日のことを思い、こんな空想をする。

「もういっぺん走ってみたいです。どこまで走れるかわからないですけども、やっぱりそりゃ、昔の若い体に戻って挑戦してみるということはやりたいですね」

19 終戦、そして仲間との再会

せっかく生きて帰ったんなら、戦死した人の分までやらんといかんと思ってね。

村上利明（中央大学　第22回、23回出場）

インタビューの途中、村上利明さんは声を詰まらせ、ごめんなさいと唇を震わせた後で「辛い駅伝でしたね」とつぶやいた。

振り返ったのは、自身が出場した第22回箱根駅伝の思い出だ。後に戦時下で唯一の例外として認められた奇跡の大会に、村上さんは中央大の選手として参加していた。靖国神社と箱根神社を結ぶコースを走りながら、胸に抱いたのはこんな思いだったという。

「先輩たちもどんどん出征される中、緊迫感というものが隠しきれなかったです。どうせもう死ぬんだからという気持ちで走る駅伝というのは、スポーツやレクリエーション的な気持ちから離れた悲壮感がありました」

学生たちは自分たちの生きた証しを残そうとこの大会を計画。村上さんが砲丸投げの選手だったように、ハードルや高跳びなど種目を問わず選手が参加していた。

その後、戦争はますます激化し、箱根駅伝は再び中止に。この年の10月、村上さんも学徒出陣で戦場へ駆り出された。特攻隊員としてあと1週間の命と覚悟したとき、終戦を迎えている。

復学した村上さんは、昭和22年に復活した第23回箱根駅伝にも出場した。走ったのは前回と同じ1区だった。

「戦争という一つの大きな試練を受けて、頭の切り替えは苦労しました。しかしせっかく生きて帰ったんなら、戦死した人の分までやらんといかんと思ってね。積極的な明るい気持ち。これはもうスポーツ以外ないというような気持ちがしまして。その当時、戦時中の18年（の大会）に出場された方に会うと、もうちょっと涙が出てくるような……何とも言えない感無量なものがありましたね」

辛い駅伝、それ以上に辛い戦争を乗り越え、生きて仲間と再会した喜び。嬉し涙を流した思い出も、村上さんはちゃんと記憶していた。

20　マラリアの後遺症にも負けず

あれほど辛いレースもなかったが、あれほど幸せなレースもなかった。

西内（平井）文夫（中央大学　第22回〜24回出場）

「レースをやっとるときにね、これが終わったら陸上競技なんか2度とやれないんだと。そういう気持ちで走りました。その当時、戦争がありましたからね。戦争に行ったら生きて帰れるとは思っていなかった。極端な言い方をするとね、悲壮な決意で走ったんです。そういう体験は私たち走った人じゃないとわからないんじゃないですかね。特に昭和18年の大会はね」

西内文夫さんがまるで昨日のことのように話すのは、戦時中に開催された第22回大会の思い出だ。中央大のアンカーとして、西内さんは区間賞を獲得。だが、その喜びにひたる間もなく、学徒出陣でビルマ戦線に送られた。

過酷な戦場を生き抜き、終戦と同時に捕虜になった西内さんは、ビルマで1年間の重労働を強いられてマラリアにも罹った。なんとか日本に帰国し、復学の手続きをするために上京。そこで箱根駅伝の復活を知る。一日おきに高熱が出るマラリアの後遺症に苦しんでいたが、絶対に出ると誓った。西内さんに任されたのは、またもアンカーの大役だったという。

「戦後初めて走ったときはね、またしばらく楽しめるなって、気持ちが全然違ったですね。戦争に行って、生きて帰れたということだけでもね、本当に嬉しかった。そこにもって駅伝を走れるということがね、本当に嬉しかったです。もう記録がなんぼだろうと、順位が何位だろうと、走れただけで最高の気分でした」

区間3位の力走で、西内さんはトップの明治大にあと57秒差まで迫った。中央大の準優勝に貢献したが、後遺症の影響だろう、ゴールしたときの記憶はないという。

「あれほど辛いレースもなかったが、あれほど幸せなレースもなかったですね」

21　焼け野原からの再建

日本は戦争に負けたんだけども、まだまだ日本を再建する者はいるんだよと。で、みんなに見してやろうじゃないかと。

高橋豊（立教大学　第22、24回出場、第23回関東学連幹事長）

ＶＴＲの冒頭、歯切れの良い調子で、こうナレーションが入る。戦火の中で箱根駅伝の魂は継がれ、昭和22年、４年振りに復活。当時の幹事長は語ります——。

「やるんだったらね、よし、パンツ一丁になって東海道を走ろうじゃないかと。日本は戦争に負けたんだけども、まだまだ日本を再建する者はいるんだよと。で、みんなに見してやろうじゃないかと。寒いときが良いんじゃないかと。時も正月早々のね、みんながお屠蘇《とそ》気分になっているときに溌剌《はつらつ》とした姿で走ろうじゃないか。そういうことが一つの発想なんですよ」

そう話すのは、戦後初となる第23回大会で関東学連幹事長を務めた高橋豊さんだ。箱根駅伝に2度出場した立教大の学生で、戦争を生きのび、復学すると、今度は裏方として箱根駅伝の復活に尽力した。

とはいえ、終戦の焼け野原からレースを再建するのだ。並大抵の苦労ではなかっただろう。道路の使用許可を取り、資金を調達し、選手を集めなければならない。高橋さんはこんな心意気で数多《あまた》の難関を乗り越えていったという。

「みんな家からお米を持っていったわけですよ。とても配給じゃ食えませんせんよ。だってどんぶりの中に米粒が浮かんでいて、それをすすっていた時代ですもんね。でも、やってできねえことはないんだもの。僕はそういう主義ですよ。やっぱり昔の選手の魂が今も生きてますよね」

昭和22年1月4日、晴れ渡った空の下、箱根駅伝は復活した。当時はGHQの占領下、アメリカ人幹部を審判車に乗せて大会を見せたところ、彼らは日本には素晴らしい競技があると感心したそうだ。

22 空きっ腹を抱えての練習

要するにね、走りたいんだよ。ただ、なんでもかんでも走りたいの。

竹内三郎（中央大学　第23回出場）

ニヤッと笑って、中央大ＯＢの竹内三郎さんはこんなことを話す。

「突如として降って湧いた災難だね、はっきり言えば」

冗談めかして災難に喩えたのは、昭和22年に復活した箱根駅伝のことだ。まだ戦火の跡が色濃く残っていた時代、日々の食べものにも事欠く中で、駅伝を走るのは酔狂と言えなくもなかった。

竹内さんは当時、名の知れたハードルの選手。長距離は得意ではなかったという。

「ハードルを走らせてくれてれば楽しいよ。でも、1時間何分走んなきゃいけないというのは、長距離っていうのは苦しいからね。ラクじゃねえんだから」

中央大は駅伝の強豪校。それでも、箱根駅伝のメンバーを揃えるのには苦労した。竹内さんのようなハードル、さらには砲丸投げ、あるいは一般学生からも参加を募り、からくも10人のメンバーを集めて参加した大学もあったそうだ。

食うもの、着るものすら満足に手に入らない時代に、なぜ竹内さんは箱根駅伝を走ろうと思ったのか。今度は真顔になってこう話す。

「要するにね、走りたいんだよ。ただ、なんでもかんでも走りたいの。競技の連中っていうのはね。終戦後に、腹を空かせたおのこ（男）は数多いて、ただ走りたい一心で、空きっ腹を抱えて練習をしていたのが、あの復活駅伝の大会ですよ」

竹内さんは9区を走って区間5位。戦争中のこんな経験が生きたという。

「分隊ごとの、長距離の競走があるんです。私、鉄砲を13丁担いで走ったことがある。そんな練習をやっている内に、長距離になじみが出てきたんだな。箱根を走ってどう思ったか？　そりゃ、走れて良かったなと思いましたよ。思い出としてと言うか、自分の人生の中でね。5番なら立派なもんだよ」

23 箱根の大恋愛

主人の次に大事なのが駅伝かもしれない。

高木ヤス子（山本旅館女将）

初恋の人を思い出すかのように、高木ヤス子さんは箱根駅伝との出会いを懐かしむ。

「本当にむずむずしちゃう、駅伝って聞くと。赤い帽子に（中央大の）Cのマーク。女の子がそんなのをかぶってね、（箱根駅伝を走る）選手の応援に行くんです」

高木さんの実家は小田原にある山本旅館。戦前からの中央大の常宿だった。ヤス子さんは女学生の頃からCのファン。レース当日は家族みんなで箱根山に登り、選手がゴールするのを待っていたという。年上の選手は皆大人びて見えたが、その中に後の夫となる高木四郎さんもいた。運命を変えたのは、一通の手紙だった。

昭和17年のある日、ヤス子さんは四郎さんが出征したことを知る。

「小田原の駅の鉄橋のすぐそばに、山本旅館様っていう宛名の手紙が落ちていたんです。『これから南方に行きます。もし死んだら霊を弔ってください』と。高木四郎という名前と、ただそれだけしか書いていなかったと思いますね」

その後、四郎さんの行方はわからないまま。終戦を迎えると、ヤス子さんのもとにはいくつも縁談の話が舞い込んだ。しかし、「なぜかその手紙が引っかかんですよね」というヤス子さんが、縁談を受けることはなかった。

四郎さんが戦争を生きのびた。それを知らせてくれたのもまた駅伝だった。戦後初の復活駅伝（第23回大会）で、二人は偶然にも約5年振りの再会を果たす。

「自転車でね、東京から小田原まで（中央大の選手の）伴走してきたんです。それであの、元気で帰ってきたんだなって」

箱根駅伝が絆となり、二人は結婚。その後、四郎さんは母校中央大の総監督に就任した。あの「不滅の6連覇」をヤス子さんは内助の功で支えたのだ。四郎さんが亡くなったのは、昭和60年暮れのこと。二人三脚で歩んだ総監督時代、箱根駅伝に人生を捧げた日々を、ヤス子さんはこう懐かしむ。

「遊びの中の一番かな。主人の次に大事なのが（箱根）駅伝かもしれない」

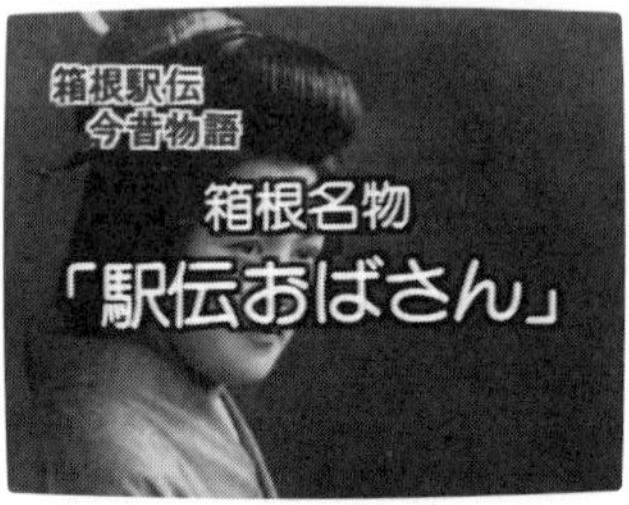
箱根駅伝
今昔物語
箱根名物
「駅伝おばさん」

鈴木(博美)とか有森とか
高橋とか

駆け抜けた裸足の区間新記録
村上孫晴さん(国士舘大学OB)

第二章

戦後の復興と三強の時代

第24回（1948年）〜第40回（1964年）

戦後の復興から高度成長時代に入り、活気を増す社会の空気を感じながら箱根駅伝はそのかたちを整えていった。予選会、シード権制という、後に多くのドラマを生む仕組みが導入されたのもこの頃。

大会では、中央大が6連覇を達成するなど圧倒的な強さを見せ、それを日本大と早稲田大が追っていた。

24 箱根への恩返し

子どもたちがね、「将来は箱根駅伝に出たい」って言ってくれるんですね。

内野慎吾（中央大学　第24回、28回出場）

戦後初めて、学生たちが必死の思いで開催した、第23回の復活駅伝。そのレースを沿道で観戦し、目頭を熱くした高校生がいた。

内野慎吾さん。60年以上前の記憶を、今も鮮明に思い出す。

「もう、それこそ口に泡ふきながら走っててんですよ。本当に感動しましたね。それでやっぱり、自分も走ってみたいよなっていう気持ちになりましたね」

その翌年、内野さんは中央大に進学。1年生から箱根駅伝に出場した。第24回大会で2区を走り区間2位。22年振り2度目の中央大の優勝に貢献した。その後は故障が重なり、次に出場したのは第28回大会。9区を走り、またも区間2位だった。立派な成績に思えるが、内野さんには悔いが残っているという。

「中継所の手前で脱水症状になってね。残りは500mくらいでしたけど、だんだん意識が薄れていく。私が襷を渡さなかったらどうなるんだと。なんとか這いずってでも渡さなきゃいけない。その一心でした。それで、前の早稲田を抜けなかったでしょ。それが悔やまれます」

でもね、と話を続ける。

「それでも、自分はともかく精一杯やってきましたから。箱根駅伝に憧れて、実際に大会にも出て、いろんな思い出が作れた。子どもたちにもね、この悔いを残さないようなね、指導をしていかなきゃいけないなと思います」

人生の復路、折り返し点を過ぎてから、内野さんはランニングクラブ「木曜ランナーズ」を立ち上げた。子どもたちや視覚障害者に走る楽しさを伝えるためだ。

「子どもたちがね、『将来は箱根駅伝に出たい』って言ってくれるんですね。自分たちも先生みたいになりたいって（笑）」

25　記憶のないゴール

箱根の山上り。あの5区は私にとって青春の壁でした。

西田勝雄（中央大学　第24回〜29回出場）

天下の険（箱根山）を越えていく、箱根駅伝の名物区間である5区。その5区を「青春の壁」と呼び、第24回大会（昭和23年）から6年連続で走り続けた人物がいる。中央大OBの西田勝雄さんだ。

最も印象深いレースは、との問いに、唯一の失敗を挙げた。第25回大会で、西田さんは大ブレーキを起こす。ゴールの200m手前で倒れ込んだのだ。

「確か4位の選手を摑まえるところまできたんです。ところがですね、そこから非常に体が軽くなりまして、ちょうど酔った時のような感じでですね。頑張ろうと思うけど踏ん張りが効かない。ゴールまであと1500m、元箱根から箱根町までの間、これがもう本当にどういうふうにして走ったかわからんですね」

残り200mというところで、ついに西田さんは意識を失った。倒れ込んだ西田さんに監督は氷水をぶっかけたという。一瞬ブルッと震えて立ち上がるも、2、3歩歩くとまた倒れる。そんなことを何度も繰り返しながら、必死の思いで襷をつないだというのだ。じつに壮絶な体験だが、西田さんはこう振り返る。

「自分だけのレースではない。チームのためにそれを乗り越えなきゃいかんという責任感とでも言いましょうかね。そういったものを育てるためにも、箱根駅伝は非常に良い大会ではないかなと思いますね。何度も挑んだ、箱根の山上り、あの5区は私にとって青春の壁でした」

翌年以降、3度の区間賞を獲得。マラソンにも挑戦し、ブレーキから3年後には、ヘルシンキオリンピックにマラソン日本代表として出場も果たした。まさに、箱根の山が育てた名ランナーだった。

26　選手と併走する「駅伝おばさん」

あたし、駅伝が生きがいみたい。

曽我益子（好楽荘女将）

箱根にはかつて「駅伝おばさん」と呼ばれる名物女将がいた。専修大や中央大の常宿でもあった、宮ノ下で好楽荘を営む曽我益子さんだ。

母親のもとさんも大の駅伝好きだったという筋金入り。もとさんがフライパンを持ちながら赤い腰巻きを振って選手と併走していた姿を見て、益子さんもいつしか箱根駅伝に興味を持ったという。若い頃はそんな母親の姿を見て、「恥ずかしい」と思ったこともあったそうだが、気がつけば自分も同じことをしている。

いつしか娘の登美代さんも名物女将の系譜につらなって、親子3代で駅伝の追っかけをしているのだ。

なぜそれほど駅伝が好きなのか。益子さんの答えが奮っていた。

「だって、駅伝がなかったら箱根にお正月来ないでしょう。あたしばっかじゃなくて、箱根全体がね。みんな駅伝を楽しみにしているもんね。だから、自分の目の黒いうちだけは何をおいても応援したい。そのためにうちなんかも、正月は駅伝以外のお客さんは宿に泊めないんだもん」

とびきりの笑顔で、こう付け加える。

「もうそれくらい駅伝が大好きなの。あたし、駅伝が生きがいみたい」

贔屓《ひいき》はやはり、専修大と中央大の選手たち。レース当日、彼らが宿の前を通過するときは、女将さんも裸足になって30ｍほど併走した。（74ページに登場した）中央大の西田勝雄さんが倒れたときは、「走れ、立て！」と叫ぶ監督に、「そんなことしたらこの子が死んじゃうよ！」と怒鳴り返し、自分の着ていたコートをかけてやったという。

昭和63年に亡くなるまで、「専修大と中央大には、もう一度優勝するところを見せてほしい」と話していた益子さん。今も天国から、両校の選手の奮闘ぶりを見守っていることだろう。

27 失神昏倒での途中棄権

憎むと言うよりはむしろ、自分の、俺の人生を作ってくれた、大事なレースだったんじゃないかなと。

今井実（神奈川師範学校　第25回、27回出場）

覚えている、というよりも、忘れられないのだろう。

もう50年も前の出来事を、今井実さんは昨日あったことのように話す。

「藤沢橋を渡ってから快調でしたよ。だけど、西風が冷たくてね。応援にそれこそ応えないといけないということで、必死になって頑張ってました。ちょうど茅ヶ崎の十間坂辺りだったですかね。なぜか意識が朦朧《もうろう》としてしまいまして。後は自分では何もわからなかったんですけども……」

第25回大会で、その悲劇は起きた。神奈川師範の3区ランナーとして、快調に飛ばしていた今井さんが突如倒れ込んだのだ。昏倒による棄権で、以降は記録なし。この年をもって横浜国立大となる神奈川師範の総合成績も「棄権」とだけ記された。記憶がないのが救いなのか、それともやりきれなかったのか。今井さんが言葉を振り絞る。

「学校挙げての応援でしたから。駅伝競走でしたから。後でそれこそ、自分が起こしてしまった不祥事に、責任の重さをね、ひしひしと、日が経つにつれてこう感じましたね。大変なことをしてしまったと思いましたね。倒れても、這いずってでも、これは平塚までゴールしなきゃいけなかったんだなと」

箱根駅伝を憎んだことはありますか？　そう尋ねると、今井さんは控え目な口調で、でもしっかりと前を見つめて話すのだ。

「そうですね。なかったといえば嘘になるでしょうが。憎むと言うよりはむしろ、自分の、俺の人生を作ってくれた、大事なレースだったんじゃないかなと、今では思っています。今では思ってますね」

28　雪の中の箱根路

お饅頭の美味しさっていうのは、忘れられないですね。

佐藤一雄（成蹊大学　第28回出場）

これまで雪が降った大会はいくつかある。その中でも忘れられないのが、記録的な大雪に見舞われた第28回大会である。明け方から雪が降り始め、北東から強い風が吹きつけた。この年、成蹊大が箱根駅伝初出場を果たすが、慣れない環境に最下位争いを余儀なくされた。5区を任された佐藤一雄さんは、襷を受け取ったときのことをこう振り返る。

「とにかく前を追おうと。ただ、宮ノ下を過ぎる頃からもうみぞれになってきましてね。小涌園を過ぎていきますと雪が30㎝くらいあったんじゃないかと思うんです。セーターの上は凍ってますから、寒くてですね。とてもまともに走れる状態ではなかったですね」

降り積もる雪に体力を奪われ、独り走る状況に孤独が募る。すでに小田原の中継所をスタートして2時間近くが経とうとしていた。

「走りながらお腹が減るということはまずないんですよ。でもそれだけお腹が減ったっていうのは、自分で意識し出したってのは、倒れちゃいけないとか、そういうふうな意識が残っていたんじゃないかと思うんです。お団子屋さんに飛び込んで、なんか食べるものはないかって言ったら、お饅頭をね、三つか四つ出してくれた。そのお饅頭の美味しさっていうのは、忘れられないですね」

再び走り出す頃には日も暮れ始めた。もう誰も残っていないと思っていたゴールへ向かうと、そこで予期せぬ光景を目にする。人の温もりだった。

「ワッショイ、ワッショイという声援が耳に入ってきました。ほんとに嬉しかったと思いますよ。雪の中で箱根を走ったということは、今でも自分の人生の中で大きなステップになっているんじゃないですかね」

29 指導者としての原点

箱根を通して、世界に挑戦する。それを忘れてほしくないね。

帖佐寛章（東京教育大学　第29回、30回出場／順天堂大学監督）

日本陸連で副会長まで務め、半世紀にわたって日本陸上界を牽引した帖佐寛章さん。彼は東京教育大時代に2度、箱根駅伝に出場した。走った区間は共に1区。チームのエースでありながら、1区にこだわった。

第29回大会、帖佐さんは1区を走って区間4位。走り終わるや否や、今度は応援団のトラックに飛び乗り、2区のランナーを追走。途中、自転車に乗り換えて、4区二宮まで併走して仲間を鼓舞し続けた。箱根の山へもトラックで向かい、数kmは選手と一緒に走った。じつは監督の役割も担っていたのだ。

「そんなことをやったのは私だけだよ」と帖佐さんは笑うが、それこそが指導者としての原点だった。卒業後は順天堂大の監督に就任。選手を注意深く観察し、叱咤激励する鬼の指導でチームを強豪校に育てあげた。順天堂大が箱根駅伝で総合優勝を果たすのは第42回大会。初出場から10年目のスピード優勝だった。

そんな帖佐さんが、指導の礎にしたのが金栗四三の教えだ。東京教育大の前身は東京高等師範学校。帖佐さんにとって、金栗は大先輩に当たる。

「駅伝のための駅伝の練習ではダメ。オリンピックで活躍するために、この箱根駅伝を走りなさいと。金栗先生からね、これは僕も直接聞いている」

体格で見劣りする日本人が、世界を舞台に戦うためのヒントをくれたのは、ベルリン五輪の長距離2種目で4位入賞を果たした、先輩ランナーの村社講平さんである。

「(村社さんは)フィンランドへ行って目が覚めたと。あの野外走の中でね、フィンランド人がほんと走りまくる。一緒に練習をやれたことで今日があると言ってた。だから野外走ですよ、クロカン(不整地のクロスカントリートレーニング)。私は今でもね、日本の長距離選手の人材発掘に欠かしてならない駅伝だったと思いますよ。箱根を通して、世界に挑戦する。それを忘れてほしくないね」

30　伝説の失神優勝ゴール

全然意識はありませんね。ただただ白いところを行っただけで。

昼田哲士（早稲田大学　第30回～33回出場）

箱根駅伝の長い歴史の中でも、「伝説のゴール」として語り継がれるのは、この大会のアンカーを措いて他にいないだろう。

当時のラジオ実況が、第30回大会のゴール寸前に起きたドラマをこう伝えている。

「昼田君はまったく夢遊病者のように走っておりまして、中村さん（清・監督）がメガホンをもちまして、後ろから押すように、背中を押すように走っておりまして、まことに悲壮なレースになりました」

この大会、早稲田大のアンカーを務めたのが、1年生の昼田哲士さんだった。トップで襷を受け取り、順調に走り出すも、ルーキーとしての気負いが顔を覗かせる。ペースがわずかに速くなり、脈拍が上がった。途中、監督にこう申し出た。

「キツイなっちゅうことで、1年坊主のくせにね、監督にちょっと（ペースを）落とさせてくれっちゅうようなことを言いまして。そしたら、『きつくなってから頑張るのが早稲田の学生だ』と。まあ叱られましてね。増上寺、そこまで頑張って来たときにですね、かくっと集中力がなくなって」

意識が朦朧とする中、気力だけで足を持たせた。当時、早稲田の慣例で腰に巻いていた襷がきりりと引き締まる。かすむ視界の中に、白いラインが浮かんでいた。

「その時点では、観衆言いますかね、（黒山の人だかりで）黒いんですね。で路面が白いから、その白いところを探して、それに沿って行ったちゅうことでね。全然意識はありませんね。ただただ白いところを行っただけで」

中村監督は伴走車を降り、「都の西北」を歌って昼田さんと併走する。酸欠状態で、顔面は蒼白。フラフラになりながらもゴールへ。2位の日本大に33秒差にまで迫られながらも逆転を許さなかった。本人の記憶にはないが、多くの観衆が拍手と声援で健闘を讃えた。失神の優勝ゴールだった。

31　ブレーキからの日本記録

（ブレーキが）ひとつのスタートじゃなかったかなと思いますね。

布上正之（中央大学　第30回〜32回出場）

ほんの一瞬、予期せぬところでスピードを上げた。それだけのことが致命傷になるのだから、駅伝は恐ろしい。

第30回大会、2連覇を狙う中央大は、2年生の布上正之さんが復路のエース区間である9区を担った。トップで襷を受け取ったが、後ろから追ってくる早稲田大との差はわずかに15秒。両者の差が徐々に開き始めたその時、布上さんは戸塚の踏切の警報器が鳴るのに気づく。今まさに遮断機が下り始めるところだった。

「遮断機をくぐるのにですね、ロスタイムがあっちゃならないということで、ムキになって駆けたのは覚えてますね」

このペースアップが走りをわずかに狂わせる。後半になると布上さんは失速。早稲田大と日本大に逆転を許した。そこで開いた差は10区でも縮まらず、中央大は3位に。連覇の夢は潰えた。当時のことを思い出すと、布上さんの目には今でも涙が光る。

「私のところで（連覇が）切れてます。その後（翌年から）2連勝ですからね」

その悔しさをバネにして、翌年の大会では7区で区間賞。トップの日本大を抜き、首位に立つ走りで中央大の優勝に大きく貢献した。最終学年でもアンカーで好走。中央大は2連覇を達成する。卒業後も、実業団1年目で3000m障害の日本記録を達成するなど、日本のトップランナーとして活躍した布上さん。だが、原点として思い返すのはいつも、あの失敗したレースのことだという。

「まあそれが、自分が競技者として、あるいは指導者として今日まで来られたですね、ひとつのスタートじゃなかったかなと思いますね。学生の時に流した汗、涙、そして喜び。ここでの精進が人生の礎になった。そう思ってます」

32

ラグビー部の意地とプライド

いくらラグビー部でもさ。負けたくないって。意地があるじゃん。

若山雄市・佐藤勇（明治大学　第32回出場）

戦後の混乱は長く続いた。戦後初の復活大会（第23回）で優勝した明治大だったが、そんな古豪であっても部員を集めるのにはいつも苦労をした。ついに10名が揃わず、窮余の策として考えられたのが、ラグビー部員を勧誘することだった。

昭和31年に開催された、第32回箱根駅伝。ラグビー部員ながら、そこで紫紺の襷をつないだのが、若山雄市さんと、歳が2つ下の佐藤勇さんだ。

駅伝に誘われたとき、二人は最初どう思ったのか。若山さんが苦笑する。

「嬉しいっていうのはなかったけどね。だってさ、ラグビーのが良いじゃん」

前年の9月に即席のチームを結成。ラグビー部員は、ボールも持たず、スクラムも組まず、ただただ長い距離を走る練習を必死で耐えた。

「だって意地があるじゃん。負けたくないって。いくらラグビー部でもさ」

意地とプライドで予選会を突破し、迎えた本戦、10区間中6区間がラグビー部員。新聞でも「大半がラグビー部。タフ買われ復路受持」と大きく報道された。

復路8区の若山さんから、9区の佐藤さんへ。襷を受け取った時の心境を、佐藤さんはこう語る。

「頑張って頑張って、俺も頑張るって。こういう襷の渡し方がね、一番大事なことだと私は思いましたね」

当初はただ走ることをバカにしていた若山さんも、襷をつなぎ終えたときには、こんなふうに心境が変化していたと話す。

「20㎞だからね。感激というのかな、目頭が、僕はジーンときたよ。最後、涙が出た。心の絆っていうの、襷だからさ。それを感じたね」

2人は共に区間13位。楕円のボールを、襷に持ち替えての力走だった。

33　監督車からの風景

私は一声で変わると思って、喉を枯らせて、血圧を上げながらやってましたけどね。

水田信道（日本大学　第27、28回出場／日本大学監督）

車の屋根がないだけで、見える風景はずいぶん違っただろう。

かつての箱根駅伝では、監督を乗せた各大学のサイドカーやジープが選手と伴走するのが常だった。その監督車に、30年にわたって乗り続けたのが元日大監督の水田信道さんだ。乗る車は時代によって変わったが、初めて乗ったサイドカーの思い出は特別だという。

「嬉しくて、あまりに嬉しくって、どんなレースか覚えていないんだ（笑）」

水田さんが監督として母校を率いたのは第32回大会から。風を切って走るサイドカーから身を乗り出し、選手に熱い言葉を投げかけた。その年は2位に甘んじたが、翌年は雪辱を果たし、日大を戦後初の優勝に導いている。当時、声をかけるときに意識していたのは、こんなことだったと話す。

「私は一声で変わると思って、喉を枯らせて、血圧を上げながらやってましたけどね。ただ、勝っているときはラクなんです。だって声をかける必要がないんだもの」

勝っているときは良いが、負けが続くと、自身が沿道から罵声を浴びる対象ともなりうる。それでも車上からの声かけはやめられないのだ。「二百何十㎞のコースをですね、百何十万の観衆と、そして命を賭けて走る選手と、監督が一体となって走るんです。駅伝の醍醐味は、この共有だと思うんですね。箱根に勝る魅力はないですね」

時代は移り、監督車はサイドカーからジープに変わり、やがて第64回大会を最後に監督車は姿を消した。

その翌年、水田さんは監督を退く。こんな理由からだった。

「あの過酷なレースを学生一人で走らせることは、僕はできなかったです」

34 日本大優勝へのかけ声

頑張れ、頑張れ。それ、歩け。左、右、左、右。

森本一徳（日本大学　第11回～17回出場／日本大学監督）

最強布陣で16年振りの優勝を狙う日本大か、それとも3連覇を目論む中央大か。第33回大会（昭和32年）は、両者のライバル対決に注目が集まっていた。

レースを目前に控えた大晦日、日本大は緊急会議を開く。主力の一人であり、9区を走る予定の愛敬実が膝を痛めてしまったのだ。このまま強行出場させるか、大事をとって1年生を代役に立てるか、名将森本一徳監督は決断を下せずにいた。

「延々3時間くらいは練ったんですが、決まりません。そこでいよいよ選手の意向を聞こうということで、4年生に意見を出させましてね。『1年生はあがったらおしまい。愛敬なら他の9人が安心して走れる』と。よし、わかった。その代わり、愛敬はもしかしたら横浜から歩くかもしれない。それを頭に入れてくれよと。何かあったら残った9人で頑張れ。そう言ってみんなを送り出したんです」

レースは監督が危惧した通りになった。9区の愛敬がブレーキを起こしたのだ。寒さ対策にランニングの裏に真綿を貼り付けていたが、当日の気温が予想以上に暑く、脱水症状気味になったのだ。

「とうとう生麦のガードをくぐって倒れてしまいましてね。もうにっちもさっちもいかない。そういう場合に備えて、持ってきていた薬用葡萄酒を首の後ろへ少しつけてね、介抱しながら愛敬頑張れと。『頑張れ、頑張れ。それ歩け。左、右、左、右』と言いながら、中継所まで。しばらくしたら血液が回ってきてだんだん良くなってきたのか、なんとか襷をアンカーに渡せたんです」

森本監督のかけ声が、気付け薬以上の力水になったのだろう。愛敬の踏ん張り、仲間の結束があって、日本大はこの大会で戦後初の優勝を飾った。

35　赤い襷で結ばれた縁

おい、栗原。二宮が待ってるぞ！

栗原正視（中央大学　第35、36回出場）・二宮隆明（中央大学　第34〜36回出場）

中央大が史上初の6連覇を達成した、その幕開けの話である。

第35回大会、その1区と2区に仲の良い同級生コンビが選ばれたことが、不思議な縁の始まりだった。1区に抜擢された栗原正視さんは箱根駅伝初出場。前日の雪が残る悪コンディションの中、八ツ山橋でトップに立つ。だが、後半の六郷橋で思わぬ伏兵の埼玉大・松村敏男に首位を奪われた。その時、伴走のジープから、西内文夫監督の檄が飛んだ。

「おい、栗原。二宮が待ってるぞ！」

後に栗原さんは、この言葉が人生の大きな教訓になったと振り返る。

「彼が走りやすいように、お前が頑張れということですよね。いつも寝起きを共にしている彼だし、本当に兄弟っていうかね、朝昼晩一緒ですから。仲間のためにと思ったら、なんか力が湧いてきましたね」

ラスト勝負で踏ん張った栗原さんは見事に区間賞。トップで襷をつないだ。

これで勢いを得た二宮隆明さんもまた、序盤から快調に飛ばし、2区の区間新記録を樹立。こうなれば、流れは完全に中央大のものだった。そこから始まった中央大の6連覇は、今も破られることのない箱根駅伝の金字塔である。

2人の物語には続きがある。卒業後、揃って同じ実業団の陸上部に入部。さらに結婚した相手が箱根駅伝の大ファンの姉と妹だった。なんと2人は抽選で当たった公団の家も隣同士。仲良く、家族ぐるみの付き合いを続けている。正月は2家族揃ってテレビで箱根駅伝を楽しむという。

互いの半生を振り返って、栗原さんがこう話す。

「赤い襷で結ばれた縁とでも言いましょうかね（笑）。本当に箱根駅伝がなかったら、こうして人生を共有することもなかったでしょうから。友人のため、広くは社会のため、駅伝を通して人と人の絆の大切さを教わったような気がします」

36　中央大6連覇を支えた伴走者

サブ、死んでしまえ！

西村良三（中央大学　第30回〜32回出場）

中央大の黄金期。第35回大会（昭和34年）から怒濤の6連覇を果たしたその時期に、記録には残らない走りでチームを支えた人物がいた。

西村良三さん。彼は箱根を3度走り、卒業後は5区6区の伴走者を7度務めた。まだ現在のように箱根の道路は整備されておらず、さらには車の性能も良くなかったため、第38回大会までは伴走車ならぬ、伴走者が認められていたのだ。選手が本調子ではないとみるや、車を降りて選手と併走する。選手時代に6区の区間賞を獲得した、西村さんだからこその適役だったのだろう。

「やはり思い出深いのは横溝（三郎）になるんですけど、湯本辺りまで行ったときにちょっと入り方が速いような気がしましてね。車の中で短パンに履き替えて、いつでも行ける準備をしました」

2連覇がかかる第36回大会、2年生にしてエース格の横溝が5区で首位の日本大を追っていた。だが小涌園を過ぎた辺りから横溝の走りがおかしくなる。西村さんは恵明学園の手前で車を降りて、後輩を先導するように箱根の山を駆けた。

「なんとか上り切って、下りにかかった頃、『横溝！』って声をかけても反応をしなくなったんです。『サブッ』て呼ぶのが一番、本人の表情がぴゅっと変わるんですけど、いよいよ動かなくなってきましてね。ちょっとじれったいと。で、『サブ、死んでしまえ！』と。これとっさに出た言葉ですから、どういう思いで話したのかわかりませんけども、なんとか頑張らせたかったんですね。すまないと思います。横溝は死ぬ苦しみだったでしょう。でも横溝を勝たせたかった」

必死の叫びが届いたのか、ゴール直前まで先導してもらい、横溝はなんとか踏ん張ってゴールした。もしこの時、襷がつながっていなければ、その後の中央大の6連覇はもちろんなかった。横溝にとって、これ以上ない好アシストだった。

37　アメリカ統治下の沖縄から

そもそも箱根駅伝というのはまったく頭になかったですわ。

新城吉一（国士舘大学　第38回出場）

昭和37年、アメリカの統治下にあった沖縄から上京し、箱根駅伝を走ったランナーがいた。先駆者の名は、新城吉一さん。走ることが大好きな少年だった。

高校で陸上を始めるも、卒業後は沖縄で就職。九州各県対抗レースで好走したことで、運命が変わる。同じ大会に出場していた国士舘大の選手から勧誘を受け、21歳の新城さんはパスポートをたずさえて海を渡った。高等弁務官の許可がなければまだ、本土には渡れなかった時代である。

当時、国士舘大は箱根駅伝の新興勢力。シード権がなかなか取れずにいた。新城さんには主力としての活躍が期待されたが、本人はいたってマイペースだった。

「そもそも箱根駅伝というのはまったく頭になかったですわ。結局、あの当時は向こう（沖縄）に報道機関がないんですよ。NHKももちろん沖縄には入らないし、ラジオもね。だから今になって、本当にすごかったんだなあと」

未知の大会に、新城さんは1年生から出場した。第38回大会の8区を任され、11位で襷を受けた。走り出すと、沿道の盛り上がりに圧倒されたという。

「箱根駅伝はすごかったですね。みんなテーブルを出してですね。沿道で飲み食いしながら応援してくれてました。前（の選手）が行って何分くらいだよとか。後ろは離れてるから前を追っかけろと。ヤジみたいのが飛ぶこともありましたね」

新城さんは区間6位と好走。国士舘大は10位に入り、初めてシード権を獲得した。チームの力になれたこと、それがなにより嬉しかったと話す。

「だから、国士舘の伝統っていうのは、僕たちから始まっているんですよ」

新城さんがずっと大切にしてきたものがある。それは当時、沖縄に届くことがなかった箱根駅伝に関する新聞の切り抜きだ。彼が孤独に打ち克った証しでもある。

38　名伯楽の挫折

鈴木（博美）も有森（裕子）も高橋（尚子）もね、箱根駅伝からつながってんですよ。

小出義雄（順天堂大学　第38回〜40回出場）

箱根駅伝が育てたのは名ランナーばかりではない。指導者たちもまた、駅伝を通して様々なことを学んできた。日本女子マラソン初のオリンピック金メダリスト、高橋尚子を育てた小出義雄さんもそんな一人である。

小出さんは千葉県生まれ。子どもの頃から走ることが好きで、中学時代から箱根駅伝に憧れていた。高校では全国区で活躍。しかし家計が貧しく、大学への進学は諦めざるを得なかった。長男で、家業の農家を継いだが、駅伝への未練は募るばかり。19歳の秋に家出をして、学費を自ら貯めて順天堂大へ入った苦労人である。

22歳のオールドルーキーはついに夢を叶える。第38回大会の5区でデビュー。区間10位とまずまずの成績を収めた。続く第39回大会は8区区間3位、第40回大会は8区区間5位。絶好調で迎えた最終学年で、悲劇が待っていた。

「別の駅伝大会に出て帰ってきたら、腱鞘炎《けんしょうえん》になってたの。靴の紐をぎゅっと縛り過ぎたんだ。でも少し休むと良くなるから、みんなと一緒に走るでしょ。するとまたギイギイ痛くなる。ついに最後の箱根駅伝には間に合わなかった。泣きましたよ」

大きな挫折だったが、小出さんはこの経験が指導に生きている、と前向きだ。

「あの経験があったから、練習中は靴紐を少し緩めておきなとか、試合用のシューズは練習中から履きなとか、自分の経験からアドバイスができるの。人間は一回くらいどん底を見た方が良いね。人に対する感謝の思い、頑張ろうという気持ち、弱さを知ると痛みがわかるでしょ。指導者になっても、僕の基礎は変わらない。鈴木（博美）も有森（裕子）も高橋もね、箱根駅伝からつながってんですよ」

39 大逆転で中央大不滅の6連覇

ええ、最高でございました。

若松軍蔵（中央大学　第39～42回出場）

昭和30年代後半は、中央大が無類の強さを発揮した。箱根駅伝を6年連続で勝ち、それは「不滅の6連覇」と呼ばれる。その中でも、最も競ったレースが、史上初の6連覇がかかった第40回大会だった。

レースは序盤から中央大と日本大の一騎打ち。往路を終えて、往路優勝の中央大と日本大の差はわずか13秒と、史上最僅差の接戦だった。復路では6区で日本大がトップに立ち、決着はアンカー勝負に持ち込まれる。2分17秒差を追い、逆転優勝の望みを託されたのが、中央大の2年生だった若松軍蔵さんだ。

当時の白黒映像を見ながら、若松さんが話す。

「若かりし頃の自分ですね。当日は少々寒いなという感じがありましたけども、興奮っていうんですか、緊張してたもので、スタートからオーバーペース気味で飛ばしてしまいましたね」

若松さんはトラック競技ではあまり良い成績が残せず、箱根一本に絞って学生生活を送ったという。監督からは勝負の鉄則として、「抜くときは一気に行け」とアドバイスを受けていた。その言葉通り、先頭を一気に捉えて前に出た。

「とにかくもう、1mでも先に行きたいと。絶対に後ろを振り向くなと、そういう指導があったので、後ろを振り向いた記憶はないと思いますね。逆転でゴールした瞬間は、先輩方にバスタオルを掛けていただきまして、みんなに祝福されて、何とも言えない気持ちでした。」

若松さんは期待に応えて、区間最高記録。日本大との差は150mほどだった。

「この後、インタビューで聞かれて、8連勝したい、自分が4年生まで勝ち続けたいと答えたんですが、やっぱり他校も甘くなかった。ただ、この試合だけは最高の思い出です。ええ、最高でございました」

40　裸足のランナーの区間新記録

走ってたら靴が重いと感じるんですわ。裸足でもなんでも走れるっちゅう気があったからね。

村上孫晴
（国士舘大学　第37回〜40回出場）

まさに前代未聞の出来事だった。
第40回大会の3区、走っていた選手が急に立ち止まり、やおら靴を脱ぐと、裸足になって走り出す。手に持った靴はじゃまになったのか、沿道に勢いよく放り投げてしまった。なぜそんなことをしたのか。裸足のランナーとして有名になった、村上孫晴さんが真顔でこう振り返る。

「走ってたら靴が重いと感じるんですわ。裸足でもなんでも走れるっちゅう気があったからね。だから、なにくそー負けるかー、ちゅうくらいの気持ちでね、裸足になったと思うんです」

一見無謀にも思えるが、村上さんは当時から、足を鍛えるためによく裸足で歩いていたという。もともと足の甲が高く、靴紐を結ぶと足が痺れてしまうという理由もあった。とはいえ、その時は優勝争いのまっただ中。当時5連覇中の中央大から34秒遅れでスタートしたのが国士舘大の村上さんだったのだ。

「藤沢から来た道が合流して12、3㎞行った頃に（中央大が）近づいてきた気がしたね。よっしゃー、行かなあかんと思ったね」

靴を脱ぎ捨てたのは、まさにその時だった。真冬の道路は冷たく、小石にも苦しめられたが、渾身の走りで中央大を抜き去りトップに立った。走り終えてみれば、なんと3区の区間賞。区間新記録のおまけ付きだった。

「足の感覚はなかったね。でも、足の裏がすれて痛いのは当たり前じゃと。大事なのは、あきらめんということ。何ごとも辛抱強くやるということですよね」

この年、国士舘大は史上最高位となる3位に大躍進。裸足の激走がチームメイトに火をつけたのは間違いないだろう。

41　名ランナー、競技人生の第一歩

箱根駅伝がマラソンランナーとしての私を生んでくれた母親みたいなもの。

宇佐美彰朗（日本大学　第40～42回出場）

箱根駅伝は多くの名ランナーを生み出してきた。宇佐美彰朗さんはまさにその代表格だろう。オリンピックのマラソン日本代表として、メキシコ、ミュンヘン、モントリオールと3つの大会に連続出場。日本長距離界の礎を築いた。

だが、あらためてその競技歴をたどると、意外な事実に驚かされる。宇佐美さんが陸上を始めたのは、日本大の陸上部に入ってから。高校まではバスケットボールやテニスに夢中になり、走る指導は受けてこなかったのだ。

初めての箱根駅伝出場は2年生の時。第40回大会で4区を走って区間3位に入った時のことを、宇佐美さんはよく覚えていた。

「ちょうど東京オリンピックが開催される年の正月。こんな大きなイベント初めてなんですよ。そしたら先輩たちが頑張ってくれて3区までトップ。私は受け取った襷をすぐこう肩にやったつもりなんですけど、しばらく手に持ったまま行ったそうです。それで先生に言われて襷をかけたらしいんですが、そうしたらもうペースも上がっちゃいましてね。予定よりも3㎞通過で20数秒速かったそうです」

緊張はしていたが、監督や伴走者の声ははっきり聞こえていたという。

「後ろとの差はどれくらいだと、教えてくれるわけです。私は腕振りをしたまま、こう人差し指をパッと立ててね、わかりましたって。どうにか順位は1位のまま、予定よりも2分速く襷を渡せました。これが私の箱根駅伝の最初であり、競技人生の第一歩なんです。ですから本当に、表現はおかしいですけど、箱根駅伝がマラソンランナーとしての私を生んでくれた母親みたいなもんじゃないでしょうかね」

駅伝で走る楽しさに目覚めた大器は、翌年の大会で9区の区間新記録を樹立。箱根駅伝での活躍を切っ掛けに、世界へと羽ばたいていった。

42　第40回記念大会に関西から出場

箱根を上っていると平らに見えるんですかね。あの程度の上りであれば。

鈴木巌（立命館大学　第40回出場）

中央大が6連覇を達成した第40回大会は、40回の節目を記念して、戦後初めて関東以外のチームが出場を果たした。関西からは立命館大が、九州からは福岡大が、それぞれ選手を10名集めて参戦している。昭和39年と言えば、東海道新幹線が開通した年だ。地方大学の選手は当時、どんな思いで箱根を目指したのだろう。

「どの程度力が通じるのか、一度関東の大学と走ってみたいなという希望をみんなが持っていたわけですね。私も、胸を躍らせました」

そう話すのは、立命館大の主軸で、2区を走った鈴木巌さんだ。各校のエースが居並ぶ区間で、襷を待っていたときの心境をこう語る。

「とはいえ2区ですからね、気分がすごく焦りまして、トップの選手が来る前からジャージを脱いでですね、周りよりも早く準備をしていたような気がします。じつは私、箱根の山以外はですね、上りじゃないという話を聞いていたんですよ。ところがまあ、走ってみますと保土ケ谷、さらに進みますと、後から知ったんですけど権太坂、かなり苦しみながら走りましたね（笑）。やはり箱根を上っていると平らに見えるんですかね。あの程度の上りであれば」

今もエースたちを苦しめる急勾配の坂に苦しめられながらも、鈴木さんは区間9位と善戦した。ちなみに、2区の区間賞を区間新記録の快走で奪ったのは福岡大の重松森雄さん。のちにマラソン世界記録を打ち立てた名ランナーだ。大黒柱の力走に支えられ、チームもそれぞれ17校中11位（立命館大）、13位（福岡大）と確かな足跡を残した。

時が経っても色褪せない、楽しい思い出なのだろう。鈴木さんが笑顔で話す。

「やっぱり行って良かった。みんなが言ってましたけど、箱根駅伝を走って良かったなと。本当にそういう喜びをみんなで噛みしめましたですね」

監督の「魔法の言葉」が選手を動かす

「男だろ！」といえば、駒澤大学の大八木弘明監督が独特のダミ声で選手にかけていたことでおなじみの言葉だ。

監督を乗せた車が選手の後ろを走り、車中の監督がマイクで檄を飛ばす箱根駅伝独特の光景。この車は今では運営管理車と呼ばれるが、かつては伴走車と呼ばれ、ジープや古くはサイドカーが選手のそばを走っていた。

苦しくなってきたときに絶妙のタイミングでかけられる監督の言葉は選手の背中を押し、残った力を振り絞るスイッチになるのだろう。

かつて箱根駅伝の中継に長く携わった日本テレビの元アナウンサー船越雅史が最も記憶に残っている声かけは、早稲田大学在学中に話を聞いた同大学の中村清監督のものだという。

「中村監督は、ここだ、というときに校歌の『都の西北』を歌うんです。しかも、卒業後に競技をはなれる4年生には必ず歌う。選手に聞くと、学生最後のレースの一番苦しいときに、あの厳しかった監督が自分のために校歌を歌ってくれるというのは、やはり感動してアドレナリンが出るそうです。だけどね、中村監督が音痴なんですよ（笑）。『みやこのせいほくわせだのもりに』まではいいとして、その後、『そびゆるいらかは』のあたりになると、かえって走るリズムが崩れるからやめてくれ、と選手は思っていたとか（笑）」

監督がジープから身を乗り出し、拡声器を片手に選手を鼓舞していた70年代、80年代は「都の西北」のようにシンプルな声かけが主流だったようだ。

オールドファンは、後に箱根駅伝中継の解説者になる碓井哲雄さんが、中央大学のコーチ時代に選手にかけていた「グイグイゴーゴー」という不思議な言葉を覚えているかもしれない。

選手ひとりひとりに伴走車がつくロードレースというのも珍しいが、なぜ監督は選手に声をかけるのか。

「箱根の一区間はだいたい20km。今でこそ、ハーフマラソンなど学生が20kmを走る機会はありますが、昔はほとんどの学生にとって経験のない長い距離だったといいます。そうするとペース配分もわからず、15kmを過ぎる頃には脱水やコンディション不良でふらふらになる。そこで監督が檄を飛ばし、なんとか奮い立たせようとしたんだと思います」

長らくファンに親しまれた伴走車は交通事情などから第65回大会（1989年）

にいったん廃止され、監督の声かけも姿を消す。運営管理車が導入され、声かけが箱根に戻ってきたのは第79回大会（2003年）だった。

監督はマイクを通してレース展開を伝え、ペースの指示などもするが、今でもやはり重要なのは選手を奮い立たせる言葉だ。

「大八木監督の『男だろ！』なんていきなり箱根で言われたら、反応に困りますよ（笑）。大八木監督は普段からトラックでも『男だろ！』って言ってるんです。だから選手はここぞというときの『男だろ！』で辛かった練習を思い出して力が出る。東洋大の酒井俊幸監督の『その1秒をけずりだせ』だって、みんなが、わずか21秒差で早稲田に総合優勝をもっていかれた悔しさを共有できているから効くんです」

こうした決めゼリフを使わないのが、青山学院大学の原晋監督だ。「わくわく大作戦」「ハッピー大作戦」など毎年恒例となっている「〇〇大作戦」のキャッチフレーズでも知られる原監督は、選手ひとりひとりに合った言葉を考えているという。

「原監督を取材した人はみんな『原さんは特別に優秀な営業マンだ』と言いますね。選手のことをよく見ていて、どういう言葉なら気持ちが乗ってくるのか考えているんです。よく覚えているのが、第93回大会。この年、青学は3連覇を達成するんですが、そのポイントとなったのが3区でした。2位で襷を受けた3区の秋山（雄飛）選手は調子が上がらず、走りもあまりよくなかった。そこで原監督がかけた言葉が、『Perfumeのリズムで行くぞ！』」

Perfumeは秋山選手が大好きなアーティスト。この言葉を聞いた秋山選手の走りのリズムは明らかに変わり、その後、首位の神奈川大学を逆転して首位で4区に襷をつなぐ。青学はそこからトップを譲らずに3連覇を果たした。

「原監督もそうですが、箱根に出るような学校の監督は合宿所で選手たちと寝食を共にしていますよね。だから選手のことをよく見ているんです。食事のときに、あの子は好きなものを後で食べるタイプだなとか、あの子は一人で食べるのが好きだなとか。性格含めて生活全般を把握した上でマネージメントしている。そうじゃないとあの場面で『Perfume』は出てこないですよ。

コロナで緊急事態宣言が出たとき、多くの大学は合宿所を閉鎖するか、少数のメンバーだけ残して多くの学生を地元に戻しました。でも、青学はそのまま全員、合宿所で生活したそうです。原監督は『この危機的状況を一致団結して突破することこそが教育だ』と考えて、もちろん保護者の許可は取った上で全員で苦しい時間を乗り越えた。こうした強い結びつきがあるからこそ、監督の言葉は選手の心を動かす『魔法の言葉』になるんだと思います」

箱根駅伝
今昔物語
青山学院 最後のランナー
「永遠の150M」

北出清五郎
ラジオこぼれ話
今昔物語

当時、陸上部員はわずか4人

それもやっぱり箱根駅伝があったから

第三章

群雄割拠の戦国時代

第41回（1965年）〜第62回（1986年）

大会が回を重ねるにつれ、さまざまな大学が力をつけ、箱根駅伝をめぐる勢力図は大きく変わってくる。

この時期、新たに優勝を勝ち取ったのは日本体育大、順天堂大、大東文化大。

5区山上りの重要性が説かれるなど、箱根をどう攻めるか、そのチーム戦略が重要視されるようになってきた。

43　卒業後は教師をしながら五輪へ

箱根駅伝は、どう言ったらいいんですかね、宝ですね。

采谷義秋（日本体育大学　第40、42、43回出場）

一枚の写真を手元に置き、采谷義秋さんがこう懐かしむ。

「私の隣が金栗さん。ミュンヘンオリンピックに出場したときに撮ってもらいました」

日本体育大OBの采谷さんは、金栗四三の思いを受け継ぎ、箱根から世界を目指したランナーの一人だ。大学時代から、駅伝とマラソンを両立。2年生の時に初めて出場したマラソンでいきなり優勝を飾っている。駅伝においてもチームの主力を担ったが、3年生の時に出場した第42回大会ではアクシデントが。

「私の後ろにつこうとした順天堂の選手と足がからんで、靴の踵が外れたんです。立ち止まった時、（順天堂大の）監督だった帖佐さんが謝るんですよ。でもこっちもカッと来とるけん、あん時は広島弁で『やかましいわい！』って言い返しました」

そこから猛烈に追い上げ、8区の区間賞を獲得。卒業後は、教師とランナーを両立しながら記録を伸ばしていった。その後、メキシコ五輪の日本代表候補にも選ばれたが、当時の日本マラソン界は層が厚く、補欠止まり。心を痛めた。

「補欠っていうのを聞いた時は、さすがにマラソンを辞めようと思ったけど、次の日になると、もうクセで朝の5時半に起きるんです。やっぱり朝練をやるんですよ」

メキシコ五輪翌年のボストンマラソンで優勝。教師とランナーの二足のわらじを履いて、ついにミュンヘン五輪にマラソン代表として出場した。同じように世界を目指す後輩ランナーたちへ、伝えたいメッセージがあるという。

「箱根のための箱根じゃなくて、マラソンをうまく利用しながら、箱根もレベルアップさせていってほしい。僕だって、箱根駅伝がなかったら、オリンピックとかボストンマラソンとかそういう活躍はできなかったと思う。ですから、僕にとっての箱根駅伝は、どう言ったらいいんですかね、宝ですね」

44 部員4人からの挑戦

彼にとっては、あの予選会が、箱根のスタートだったと思うんですよね。

岩崎省三（青山学院大学　第41、42回出場／青山学院大学監督）
奥平亮三（青山学院大学　第41回　マネージャー）

たった4人で始めた、箱根駅伝挑戦だった。

青山学院大は戦中の第22回大会に一度出場したのみで、その後は長く低迷。昭和38年に岩崎省三さんが入部したとき、部員の数は自身を含めて4名まで減っていた。そこから地道に部員を集め、練習に励み、予選会に挑戦できる人数がやっと揃ったと喜んだ3年目、岩崎さんは後輩の奥平亮三さんのひと言に打ちのめされた。

「すみません」

頭を下げて渡されたのは、退部届だった。話を聞くと、胃潰瘍が悪化し、このまま運動を続ければ命の保証がないという。やむなく予選会には代わりの選手を立てたが、チームの士気は上がらなかった。だが、予選会会場で岩崎さんは目を疑う。奥平さんがユニフォームを着て、スタートラインに立っていたのだ。

「奥平がスタートに立ったということでですね、皆にこの、言うに言われぬ結束力みたいなものができまして。あれは執念っていうんですかね。そういうものが成しえたんじゃないかと思うんですね」

チームに不思議な力が働き、見事に予選会を突破。そこから12年連続で青山学院大は箱根駅伝に出場する。まさにチームの礎を築いた世代だが、岩崎さんにはずっと聞けなかった思いがある。チームを箱根に導いた陰の功労者と言える奥平さんは、予選会後にマネージャーに転身。箱根を走ることなく卒業したのだ。

その後、岩崎さんは母校の再建を託されて監督に就任。奥平さんは早逝した。

「亡くなった今となっては聞きようがないですけどね。彼にとってはあの予選会が、箱根のスタートだったと思うんですよね」

華やかな本戦ではなく、観客のほとんどいない予選会が、奥平さんにとっての晴れ舞台だった。人生最後の全力疾走で、彼は生きた証しを残したのだ。

45　名監督の息子の選択

良いマネージャーがいたときには良いチームになる。

青葉昌幸（日本大学　第42回出場／大東文化大学監督）
青葉貴幸（帝京大学　第74〜76回　マネージャー）

選手ではなく、マネージャーをやりたいという息子に、父親の青葉昌幸さんはこんな言葉を贈ったという。

「マネージャーをやるならば、選手以上の経験もあるんだから、選手に喜ばれるようなマネージャーを大学5年、6年かかってもやったらどうかと。良いマネージャーがいたときには良いチームになるし、優勝を狙えるチームになる。僕らもつねに自分のところのマネージャーにはそう言い聞かしてきましたから」

青葉さんは大東文化大で数々の名選手を指導した名物監督。長男の貴幸さんは物心ついたときから兄のような選手らに囲まれて育った。そうした環境が選手以上の知識と経験を彼に授けたのだろう。大学では陸上部のマネージャーを志願し、父のいる大東大ではなく、成長著しい帝京大を選んだ。

そして貴幸さんが2年生になったとき、第74回大会予選会で帝京大は念願の箱根駅伝初出場を決めたのだ。初出場のチームには常宿もなければ、先輩からの申し送りもない。グラウンドの整備もまだこれからという大学で、マネージャーの負担は大きい。貴幸さんは日々、どんな思いでチームを支えているのか。

「何もかも初めてのことだから、特別失敗ということもなければ、成功ということもないと思うので。ほんとに選手がうまく走れるようにサポートするだけですね」

初出場を飾った第74回、そして翌年の第75回大会こそ連続最下位に終わったが、貴幸さんが最終学年となった第76回大会で、帝京大は4位と大躍進を見せた。

記録にも、観客の記憶にも残らない裏方の頑張りが、いつの時代もチームを縁の下から支えているのだ。

46 初出場と初優勝

もう最高だったですね。俺たちが歴史を作ったぞと。

岡田正裕（亜細亜大学　第43、44回出場／亜細亜大学監督）

真新しい襷を肩にかけ、母校の誇りを背負って駅伝を走る。ましてやそれが箱根駅伝初出場ともなれば、喜びは格別だっただろう。

「初出場って二度とないことですから。もう最高だったですね。俺たちが歴史を作ったぞと。ええ、誇らしかったです」

もう60年近く前のことなのに、岡田正裕さんは当時の喜びを忘れずにいた。

箱根駅伝を目指し、岡田さんが熊本から上京したのは昭和40年のこと。駅伝強化を始めた亜細亜大に進学したが、憧れの舞台は遠かった。

「なにせ、入学してみたら私が一番速いんですよ。こんなチームで箱根走れるのかなっていう、不安な気持ちっていうのは持ってましたね」

チーム一の実力者は、3年生でキャプテンに。先輩にも物怖じせず、本気で箱根を目指そうとチームを説き伏せた。熱い想いが届き、迎えた第43回大会で初出場を決めた。岡田さんは手紙を書いて、故郷の両親に喜びを伝えたという。

しかし、本大会では苦しんだ。9区に出場したが、チームは既に繰り上げスタートを余儀なくされていて、母校の襷をつなぐことが叶わなかったのだ。

「悔しかったですね。やっぱり駅伝というのは、もらって、渡す。それが醍醐味じゃないですか。なんでもらえないんだって、頭に血が上りましたよ」

卒業後は指導者となり、その熱血指導で母校を初の箱根駅伝優勝にも導いた。第82回大会の亜細亜大の優勝は、雑草集団が下剋上を成し遂げたことで語り草になっている。駅伝と共に歩んできた人生の道のりを、岡田さんはこう振り返る。

「なんか苦しいときには、俺は箱根を走ったんだということを思い出す。箱根駅伝が出発点と言っても過言じゃないくらい、私には影響がありました。今も指導を続けてますが、道半ばだね。チャンスをいただければ100歳でもやりたいよ（笑）」

47　2区繰り上げスタートの屈辱

見て触るだけで感激しちゃいますよ。

小林芳行（明治大学　第45回出場）

様々な感情がよみがえるのだろう。かつての合宿所を訪れ、25年振りに紫紺の襷を手に取ると、明治大OBの小林芳行さんが感慨深げにこうつぶやいた。

「いやあもう、見て触るだけで感激しちゃいますよ」

どうしてそんな感情になるのか。話は、小林さんが出場した第45回大会に遡る。明治大はこの年、2年振りに予選会を通過。小林さんはエース区間の2区にエントリーされていた。レース当日、1区のランナーを待つ小林さんの耳に思いも寄らない情報がもたらされる。大ブレーキで、前のランナーが来ないのだ。

「まさか2区から繰り上げになるとは、全然考えてもいなかったのでね。審判長に呼ばれたとき、何を言われてるのかなという感じだったんです。で、渡されたのがこれよりちょっと幅の狭い、確か（繰り上げがあった場合に渡される）茶色の襷でした。なんだこれはっていう感じだったですね」

鶴見中継所に残るランナーはついに小林さんだけになったが、まだ1区の仲間はやってこない。2区で早くも繰り上げスタートが発生するという箱根駅伝史上初のアクシデントだった。思い入れのない襷を胸にかけても、小林さんは力が入らなかったのだろう。この茶色い繰上げの襷をつないだ往路で、明治大は5人全員が区間14位以下という惨敗を喫した。

じつは、小林さんはレース直前に父親を亡くしていた。父の最後の言葉は「ビリになるなよ」だったという。

「だから毎年ね、駅伝中継ってほとんど見ないんですよ。特に1区から2区というのがね。なかなか見る気がしなくて」

でも、と話を続ける。

「今年からなんか、ちょっと見られそうかなと。25年振りに見る母校の襷。この紫紺の襷がね、前を向く勇気をくれましたね」

48

ゴールまで150mでのリタイア

地面がですね、急に目の前に来たという感じはありましたね。

杉崎孝（青山学院大学　第49〜52回出場）

つなぐことのできなかった贖罪《しょくざい》の思いを、33年間一人で背負ってきた。

青山学院大OBの杉崎孝さんが振り返るのは、箱根駅伝で棄権した、4年生の時の苦しい思い出だ。第52回大会、杉崎さんはチームのアンカーを任されていた。併走するジープから、監督の檄が飛ぶ。「頑張れ、シード権が取れるかもしれないぞ」

その声に、杉崎さんは奮い立った。襷を受け取ったとき、青山学院大の順位は11位。当時は上位9校までに翌年のシード権が与えられていた。杉崎さんは4年連続の出場だったが、これだけのチャンスが巡ってきたのは初めてだった。

だが、残りが３㎞となった頃、体の異変に気づく。急に体が重くなり、意識が遠のく。地面が近づいてきたと思ったら、次の瞬間には転倒していた。

「その倒れる瞬間ですかね、それは記憶にあります。地面がですね、急に目の前に来たという感じはありましたね。その後の記憶は、ゴールができたかどうかの確認ですね。ゴールはどうかっていうことですね、それは聞いたと思います」

辛うじて立ち上がり、歩き出すもまた膝が崩れる。前に進むには腕を振れ。そう自らを励まし、腕を振って歩き出したが３度目の転倒。仲間が待つ大手町のゴールまで残り１５０ｍというところで、ついに意識を失った。リタイアだ。

それ以来、杉崎さんはずっとこんな思いを抱えてきたという。

「毎年見ますけど、母校が箱根に出ていない。ちょうど私がですね、転倒してゴールができず、そこからずっと出てませんのでね。そこが非常に残念だし、あと責任と言うんですかね、ゴールできなかったからその後出場できないんじゃないかと。そういう気持ちが非常に強い。やっぱり母校が出てないのは寂しいですね」

その後、青山学院大は第85回大会で33年振りの箱根駅伝出場を果たした。残り１５０ｍの無念を、ついに後輩たちが晴らしてくれたとき、杉崎さんは「記憶を失い倒れるまで全力を出し切れたことを、今は誇りに思えるんです」と胸を張った。

49

鬼監督が歌う「都の西北」

戻れるならあの頃に戻って、もう一回走りたいですね。

高塚俊（早稲田大学　第50、51、53回出場）

鬼監督がやってくる——。ある名物指導者の現場復帰を伝えられたとき、当時、早稲田大の陸上部員だった高塚俊さんは震え上がったそうだ。

「厳しい、それから怖い。そういう話しかなかったので」

鬼監督の名は、中村清。戦後、早稲田を2度の総合優勝に導いた名将である。

古豪のイメージが強い早稲田大だが、高塚さんが在籍していた（昭和50年前後）頃は陸上部の低迷期。復活の切り札として白羽の矢が立ったのが中村監督だった。

いざ、その指導を受けてみると、印象とは大きく違ったという。

「あの方は私のことを高塚君って呼んでくれるんですよ。鉄拳とか全然なくて、イメージとまるで違うんです。練習が終わると、ご自宅に選手全員を連れてって、お風呂に入れてくれて、その後は食事をさせてくれるんです。で監督自ら、当時食べたことがないステーキを焼いてくれたりだとか、圧倒的な人間力ですよね」

陸上一途な監督の情熱が伝わり、チームは徐々に力をつけていく。さらに、スーパールーキーの瀬古利彦も加わり、チームは上げ潮状態だった。そして迎えた、高塚さん最後の箱根駅伝。第53回大会で、彼は山上りの5区を任された。

「最高地点に到達した頃ですね、4年生の最後の方だけ、監督が都の西北を歌ってくれるんですよ。それこそ嬉しくて涙が出てきましたね」

区間12位、チームも総合13位（15校中）。結果は出なかったが、再建の礎は築いた。卒業後は地元新潟で中学教師となり、中学生たちの夢を後押ししてきた。指導に悩んだとき、いつも思い返すのは恩師と挑んだ箱根駅伝の思い出だ。

「陸上にかける情熱というか、（中村先生は）自分でも『俺は命懸けでやっているんだ』と言ってましたからね。青春というものがあるのなら、（あの4年間が）そのものですしね。戻れるならあの頃に戻って、もう一回走りたいですね」

50　ラジオ時代の名実況

喋る必要がない時なんかウイスキーを飲みながらやっていたんですよ。

北出清五郎（元NHKアナウンサー）

まだテレビ放送が始まる前、箱根駅伝のレースを伝える名アナウンサーがいた。元NHKアナウンサーの北出清五郎さんだ。東京五輪の開会式での「世界中の青空を全部東京に持ってきてしまったような、素晴らしい秋日和でございます」の名調子で知られる。「相撲の北出」と呼ばれるほど、大相撲中継での実況に人気があったが、箱根駅伝を担当した回数も28回に上る。

当時の録音テープをラジカセで聴きながら、北出さんが懐かしそうに振り返った。

「ゴールのところは応援者が大勢集まっているでしょう。ほら聞いてくださいよ、すごい拍手でしょう。特に私が印象的だったのがね、箱根の山を上った大東文化大学の大久保初男選手。彼はとっても体が大きいんです。なんかまるでね、機関車が走るような感じなんですよ。私は長いこと相撲の放送もやっていたもんだから、関取、関取って、そんな声が出ちゃったの。『山上りの関取！』なんてことを言いながら、私は放送したの。とっても走りが素晴らしかったんですよ」

アナウンサーは当時、ジープに乗りながら選手たちの後を追いかけた。選手と同じ寒風を浴びながら、6時間近くに及ぶレース展開に目をこらす。トイレすらままならない、想像以上に辛い現場だが、北出さんにはこんな楽しみがあったという。

「厚手のコートを着て、手元までしっかりと防寒してね。それから時々はね、喋る必要のない時なんか、ウイスキーを飲みながらやっていたんですよ（笑）。久しぶりに自分の実況を聞いて、いろいろ思い出しましたね。あの頃の放送は楽しかったなって。一杯やりたい気分になりましたよ。おかげさんでね」

51

中村清と瀬古利彦

箱根駅伝とは何だったのか？
超一流の世界と引き合わせてくれた存在ですね。

坂口泰（早稲田大学　第57～60回出場）

「超一流の人たちと、一緒に競技生活ができたこと。これは何物にも代えがたい財産ですね。それもやっぱり箱根があったからですよ」

こう話すのは、早稲田大学ＯＢの坂口泰さん。振り返ったのは、自身の大学時代。スター選手の薫陶を受けた、ルーキーイヤーの記憶である。

ちょうど入れ替わりのタイミングではあったが、早稲田大のグラウンドには当時、瀬古利彦がいた。箱根駅伝の2区で2年連続区間新記録をマークし、在学中にモスクワ五輪のマラソン日本代表にも選ばれたスーパースターだ。監督の中村清は瀬古を育てた名伯楽。先輩の姿に、将来の自身を重ねた。箱根駅伝には1年生から出場した。

「昔は監督車がついてましたからね。監督から『なんだお前は、その走りは』って、もう『お父さん、お母さんが泣いとるよ』って、ずっと言われるんですよ。ほんと止まってやろうかと思うくらい、腹が立ったこともある（笑）」

厳しい指導に耐え、迎えた第60回大会、4年生の時はキャプテンとしてエース区間の2区を任された。5位で臙脂《えんじ》の襷を受け取り、追い上げにかかったその時、マイクを通じて監督の声が聞こえてきた。

「それが、早稲田の校歌だったんです。いつも怒ってばかりの先生が、最後にジープの上から『都の西北』を歌ってくれた。それは大きな力になりましたね」

監督の励ましを力に変え、坂口さんは区間2位と奮闘。首位に立った早大は、その後も勢いが衰えず、30年振り10度目の総合優勝を果たした。次は世界だ。坂口さんはそう考えたが、不整脈により競技を断念。指導者の道へと舵を切り、アテネ五輪5位の油谷繁、ヘルシンキ世界陸上銅メダルの尾方剛らを育てた。

「箱根駅伝は通過点で、つねにその先に世界があった。世界で戦うという大前提があっての箱根だったんだなというふうに思います。私にとって、箱根駅伝とは何だったのか？　本当に、超一流の世界と引き合わせてくれた存在ですね」

52 東大の箱根初挑戦

ものすごく寒々としたような表情で、湖面が鈍く光っていたのを覚えてます。

半田禎（東京大学　第60回出場）

当時の新聞には「東京大学、合格」の文字が紙面に躍った。合格したのは他でもない、箱根駅伝である。

第60回の記念大会は、例年よりも5校多い20チームが参加した。東大はそのタイミングに合わせて強化に励み、7位で予選を通過、箱根駅伝初出場を決めたのだ。その大会で、5区を走ったのが半田禎さん。記憶は鮮明である。

「湯本を過ぎた辺りで明治に並ばれたんですけど、明治への声援の大きさに驚きましたね。さすがに伝統校だなって、ヘンな感心をして。あの時は不思議なほど足が軽くて、呼吸も苦しくない。明治を引き離して、行けると思いました」

だが、最高地点（標高874m）を過ぎて、下りに入った途端、半田さんの体は悲鳴を上げた。今までに体験したことがないほどの苦痛だった。

「下りに入りましたらですね、それまで使っていた筋肉と全然違う筋肉の動きになりまして。もう何をして良いのかもわからない。下り坂なのに、まったくスピードを失ってしまったんです。ちょうど芦ノ湖が見え始めたところでしたね。ものすごく寒々としたような表情で、湖面が鈍く光っていたのを覚えてます」

そう易々と攻略はさせないぞという、箱根の山の洗礼だったのか。本来はゴールが近いことを伝える芦ノ湖の湖面が、半田さんには寒々しいほど冷たく見えたという。それでもなんとか踏ん張り、明治大の追い上げをかわして、半田さんは区間16位で箱根の山を走りきった。走りきったからこそ、こうも思う。

「箱根の山上りには、一口では言えない怖さがありました。東大唯一の挑戦も辛く、厳しかった。でも、何ごとにも代えがたい満足感も同時に味わいましたね」

東大の初挑戦は、明治や慶應を抑え、総合17位。納得のいく継走だった。

53　元旦競歩から箱根駅伝へ

競歩の選手でもきっちり箱根を走れるんだ。

園原健弘

（明治大学　第60、61回出場）

明治大にとって10年振りの箱根駅伝出場となった第60回の記念大会で、8区を走ったのが園原健弘さんである。

明治大は第1回から出場する古豪の一つ。低迷していた時代ではあったが、メンバー競争を勝ち抜き、檜舞台に立つのは、並大抵の努力ではなかっただろう。だが、園原さんは意外なことを打ち明ける。

「チーム事情で、長距離の選手が14人揃わないので、競歩やっているお前も、助っ人ということではないんですけど、やりなさいと言われてですね」

なんと、彼は長距離走の部員ではなく、競歩の選手だったのだ。ただし、在学中に競歩の日本代表として世界選手権にも出場していた実力者でもある。園原さんはその申し出を快諾し、密かにこう闘志を燃やしたという。

「その当時、競歩と言ってもまだまだマイナーな種目でね。やっている選手も少なく、長距離選手の落ちこぼれっていうイメージがあったんです。競歩の選手全員の思いをぶつけるという意味で、競歩の選手でもきっちり箱根を走れるんだというような、そういう思いを持ってましたから、モチベーションは高かったですね」

箱根駅伝の前日、1月1日に園原さんは伝統ある競歩の大会「元旦競歩」に出場し、20kmの距離を歩いた。競歩日本代表としての本分をまっとうすると、中1日置いて、今度は箱根駅伝に出場する。紫紺の襷を受け取ると、競歩のことは忘れて、無我夢中で走った。前の選手を追い抜いたときは、爽快だった。

「そこの監督が『お前、いま抜かれたのは競歩の選手だぞ！　何やってるんだ！』って言ってるんです。そういうのを聞いて、こっちは逆に元気が出てきましたね」

区間記録は、20人中14位。競歩選手の矜持《きょうじ》は確かに、箱根路に刻まれた。

園原さんはその後バルセロナ五輪50km競歩に出場。箱根から世界へと羽ばたいた。

時代を作った順天堂大学澤木監督の「戦略」

「山を制するものは箱根を制す」

大東文化大学の青葉昌幸監督の言葉だ。4年連続5区山上りで区間賞を記録した大久保初男という名ランナーを擁した大東文化大は、第51回、52回と箱根を連覇した。山上りに特化した強いランナーがいれば、他の区間に比べて大きなタイム差をつけることができる5区の重要性を説く言葉としてよく知られている。

実際にその後、初代から三代目までの「山の神」たちはそれぞれ総合優勝を経験した。

しかし、5区だけでなく、各区間の特徴に合ったランナーを配置できるかどうかが、勝負の行方を握る鍵になると早くから考えていた監督がいた。平成13年(2001年)まで四半世紀近く順天堂大学で指揮をとり、4連覇を含む総合優勝9回と圧倒的な成績を残した名将・澤木啓祐監督だ。

澤木監督は、「陸上を科学する」ことで黄金時代を築いた。医学部の力を借りて最大酸素摂取量や脚の筋力を定期的に測定するなど、科学的なトレーニングを積極的に取り入れたのだ。

元アナウンサーの船越雅史が箱根駅伝中継に携わっていたのは、まさに澤木監督が順天堂大学を率いていた時期。何度も取材で話を聞いたが、科学的なトレーニングに加えて、各区間をどう攻めるかという「戦略」こそが澤木さんの真骨頂だったという。

「澤木さんの言葉でよく覚えているのが、『1区はトップを取ることが目標じゃない、出遅れないことがすべて』『4区は準エース区間』というもの。1区だってトップの方がいいじゃないですか。距離の長い『花の2区』がエース区間なのはわかるけど、4区が準エースというのはどういうことだろう、と思いました」

実際、当時は1区はスピード重視で、レースを引っぱれる選手を配置する大学が多かったという。第53回大会では、日本体育大学の岡野章監督が1区に800m、1500mが専門の選手を配し、1区区間賞の勢いそのまま、一度も先頭を譲らない完全優勝を成し遂げていた。

「でも澤木さんは、1区は目立ちたがり屋はダメ、自分を殺して集団の後ろについていって粘れる、最後に頑張れるやつがいい、と言うんです。区間賞もいらない。1区はうまく2区につなぐのが重要で、そこで崩れてしまったらどうしようもない。トップから30秒から1分の差で2区につないでくれればいい、と」

実際に澤木監督が勝ち取った9回の総合優勝のうち、1区が1位だったのは2回だけ。1区は出遅れないことがすべて、という言葉の説得力が増す。

では、「4区は準エース区間」というのはどういうことなのか。

「澤木さんは、4区は細かいアップダウンがあって、リズムが作りにくい、陸上のセンスが問われる区間だと言っていましたね。エースたちが鎬《しのぎ》を削る2区は距離が長いことに加えて、最後の3km、権太坂を過ぎての上り、下り、上りというのがきついけど、4区も同じくらい難しい、と。さらに、続く5区の山上りは九十九折りのコースなので前のランナーが見えにくい。4区は5区のランナーが前を見て追える順位である4位、5位くらいで襷をつながないとダメ。小田原中継所での順位が大事になるから、4区には2区と同じくらい走れる選手を置くということなんです」

ちなみに3区はゆるい下り坂から始まる走りやすいコースなので、澤木監督は「10番目の選手」を置くことも多かったという。

復路は6区の山下りから始まるが、ここにも澤木監督なりの視点があった。

「これは澤木さんの右腕の金子コーチから聞いた言葉ですが、『6区は上りだ』と言うんです。じつは、6区をスタートして、5〜6kmは上りなんですね。つまりコースの4分の1は上り。さらに、山を下って残り3kmは軽い下りなので、坂を下ってきたあとだと上りに感じるくらい。だから、6区を単なる下りだと思って選手を配置してはいけないということです」

続く7区は4区の裏返しなので意外と難しく、8区は3区の裏返しだが、3区の下り坂が8区では上りになるので油断はできない。

そして、澤木監督がこだわったのが9区だ。

「澤木さんは9区にナンバー2の選手をもってくるんです。2区はどのチームもエースを投入するからなかなか離せないけど、2区と同じコースなのに9区は重視しないチームもあるから、ここにいい選手がいれば2〜3分は簡単にひっくり返せると言っていました。年によっては、2区じゃなくて9区にエースを置いたこともあったはずです」

他のチームが1区でリードして、2区はエース、5区は山上り、といったざっくりとしたオーダーで箱根に臨んでいた時代、澤木監督はその先を見ていたのだ。

「今でこそ当たり前の考え方かもしれませんが、澤木さんが箱根の戦略を変えたといっても間違いではないと思います。少なくとも80年代は、澤木さんと順天堂大学を中心に箱根駅伝は回っていました」

澤木監督は、常々、『2、4、5、9、10』に自信のある選手をはめられた年は勝てる」と言っていたという。

大八木弘明(駒大)

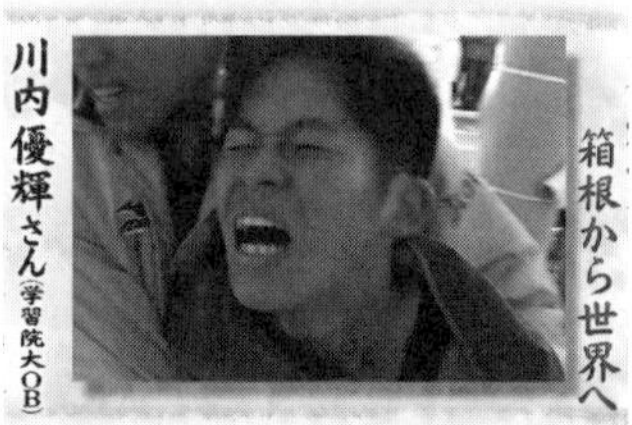
川内優輝さん(学習院大OB)
箱根から世界へ

双子で競った花の2区
井田 茂宣さん・芳宣さん
兄 茂宣さん
弟 芳宣さん

第四章　テレビ中継と箱根駅伝100年

第63回（1987年）〜第99回（2023年）

第63回大会からは、日本テレビによる地上波全国生中継が始まり、お茶の間にいながら全10区間の攻防を見ることができるようになった。学生たちの走力も向上し、チーム強化に力を入れた山梨学院大、神奈川大、駒澤大、東洋大、青山学院大、亜細亜大、東海大などの新興勢力が次々と優勝を果たした。

箱根駅伝生中継、始まりの日

日本テレビによる箱根駅伝全国生中継の初めての放送は昭和62年、第63回大会に行われた。実現に奔走したのは初代プロデューサーの坂田信久である。

「何度も上からは反対されましたよ」

今日の箱根の人気からすれば、意外なことを言う。ただ、話を聞けば、反対の声にもしかるべき理由があった。関東のローカル大会を長時間にわたり全国中継することのリスク、つまりは誰が観るのか？ 箱根の山上りは技術的に中継が不可能ではないか。事故が起きたらどうするのか。それらを打ち破り、坂田は企画を通し実現させた。その情熱の根幹を表す言葉がある。

「箱根を上回るドラマはありません」

初めての放送を翌々日に控えた大晦日の会議で、挨拶に立った坂田はこう語ったのだ。坂田が振り返る。

「入社1年目に箱根駅伝をスポーツニュースで取材したとき、『こんなスポーツが、こんな大会があるのか』と感動しました」

特に心に残ったのは順天堂大学の2年生、澤木啓祐だった。学生陸上界屈指のランナーは、だが2区でまさかの大ブレーキを起こし区間15位。優勝を目指していたチームは総合5位にとどまった。

「レース後、故障を抱えていたことを知りました。でも監督には『2区を走るエースとして責任と共に成長してほしい』という思いがあり、澤木選手はそれに応えようと誇りを持ち選手生命を賭けて走った。箱根の重みを実感しました」

箱根駅伝を中継したい。その思いは消え去ることはなかった。休日にはコースを歩き、元選手や関係者を訪ね歩いた。

「箱根を走った人に僕が話を聞きにいくと、思い出しながら本当に涙ぐむんですよ。僕はずっとサッカーをしていましたが、泣くことなんてありませんからね。何だろう、この競技は、と興味をかきたてられました」

聞けば聞くだけ、各ランナーが持つ物語があったのだ。そして坂田は企画書を作り上げ、提出した。

「中継時間が長いから、そうした人間ドラマが入れやすい。伝える時間が十分あるのもテレビ向きだと思いました」

情熱に加え、成功する確信があったという。

「ドラマ性があることもそうですし、日本テレビが放送をする4年前からテレビ東京が9区までをビデオで流し、10区だけ生中継という形で放送していました。最初は世帯視聴率が9％くらいでしたが、4年目には13％くらい行っていた。その数字は役員を説得するときに役立ちましたね」

ドラマ性に加えて、コースが都会、海、山と変化に富み、富士山など誰もが知る景観にも恵まれていること、名の知れた数々の伝統ある大学が参加していること、関東の大会ではあっても全国各地出身のランナーが出場すること。

「実際、放送して3回目だったかな、調べてみると47都道府県のうち出ていないのは2県だけでした」

これらの要素から、家族揃って楽しめるイベントであると感じていた。

確信を現実とすべく、坂田は2人のキーパーソンを選んだ。1人は総合ディレクターを務めた田中晃だ。

「上司に彼と組ませてほしいとお願いしました。年齢はひとまわりほど離れていましたが、彼は僕にないものを持っていた。そういう相手と組むと『上乗せ』できるんですね。でも『上乗せ』できるには1つ条件があって、それはお互いに尊敬していること。僕は彼を尊敬していましたが、僕に対してどうかは分からない。だから尊敬されるように努力しましたね（笑）」

初めての放送を前に、制作本部では番組スタッフに配るマニュアルを作成した。

〝放送手形〟と名付けられたが、そこに掲載された田中の決意表明にこのような一節がある。

「箱根駅伝はレースと呼ぶにはあまりに人間臭い」

坂田は言う。

「田中君は箱根に興味があったわけではないけど、いろいろ準備を始めてみると、人間臭さというか、そのドラマ性にはまっていったんです」

もう1人は放送センターで取り仕切るメインアナウンサーを務めた小川光明だった。

「テクニックがあってうまい人はほかにもいるけれど、箱根を伝えるのはスポーツマインドのわかるアナウンサーでなければいけないと思ったんです。だから小川さんでなければならなかった」

スポーツマインドとは何か？　すると坂田はこのように表現した。

「真夏の限りなく広い芝生の上をパンツ一丁、息が切れるまで走ります。やがて走れなくなってパタンと倒れる。そのとき『あー、気持ちいい』と言う人。『あー、しんどい』と言う人はダメです」

ロードレースに携わってきた後輩アナウンサーを思い辞退する小川をくどき落としたという。

栄える初めての放送の往路がスタートしたとき、小川が語った言葉は箱根駅伝そのものを捉えていた。

「150人の青春が今、スタートしました」

テレビが箱根を変えてはいけない

当初は無理だと考えられていた中継技術の困難もクリアし、無事放送は終了。平均世帯視聴率は往復の平均で18・2%と、大成功を収めた。

中継してみてわかった発見もあった。

「思えば、箱根駅伝はテレビ中継のためによくできているフォーマットなんですね。特に優勝争いが決まった後のシード権なんていうのはね、テレビの放送もないのにどうして考えたのか不思議。トップがゴールしても話が終わらない。本当にテレビ向きですよね」

放送が成功すると「全国大会にした方がいい」という声も上がった。坂田は反対したという。

「いろいろな方の話を聞き、知るうちにどれだけたくさんの方が苦労して今の箱根にたどり着いてきたかがわかった。そういう人たちが63回もやってこられたものをやらせてもらうのだから、やらせていただくという立場でなければいけない。我々が変えるべきではないと思っていました」

その思いは今も変わらない。だから中継を受け継いできた、そしてこれから受け継いでいくであろう後輩たちへメッセージを贈る。

「テレビが箱根駅伝を変えてはいけないということを忘れないでほしい。時代が変われば変わるほど、変わらない箱根駅伝の価値はより高まっていくものです。箱根は積み重ねてきた歴史を同時に伝えなければ意味がないし、選手や関係者、沿道で応援する人々、関わるすべての人の思いも伝えなければ、箱根駅伝を中継したとは言えない。何よりも、箱根駅伝を『中継させてもらっている』立場であることを忘れないように」

そのドラマ性に魅了され、企画を立ち上げた坂田によって実現した中継により、箱根駅伝はさらに大きなドラマとなって現在がある。1回目の放送を観返すときがあるという坂田は、後輩にメッセージを贈ると共に、賛辞も贈った。

「今から思うとつたない放送で。後輩の人たちはすごいね。1回1回頑張って、放送内容が進歩している。そういう意味では、箱根駅伝が襷をつなぐように、後輩たちが1回1回進歩してつないできた。生み出すところだけはなんとかやったということで、あとは仕事の仲間と後輩たちのおかげですね」

54

箱根駅伝テレビ中継の決断

若い連中には、純真さがある。それをうまく伸ばすのが私たちの役目じゃないかと。

釜本文男（第63回大会関東学連会長）

もしあの時、決断を保留していたら、今の駅伝人気はなかったかもしれない。元関東学連会長の釜本文男さんが振り返るのは、箱根駅伝をテレビ中継すると決めたときの思い出だ。

「箱根駅伝の中身っていうものは、出発したところからもう歴史、文化がいっぱい詰まってますからね。これは絶対になくならんと思ってます。ただ、社会のいろんな行事はすべて、テレビを利用しない限りにおいては発達しないんです」

　箱根駅伝の人気のピークがいつかを論じるのは難しいが、昭和30年代の人気は凄まじかったようだ。当時の白黒写真には、ランナーを一目見ようと鈴なりの観客が沿道に押し寄せていた光景が残されている。しかし、高度経済成長時代に入ると娯楽の幅が広がり、人気に陰りが見え始め、ファンの姿も減っていった。

　このまま手をこまねいていて良いのか。何か策を考えるべきか。箱根駅伝はアマチュアスポーツ最後の聖域と言われたが、釜本さんはテレビ中継に踏み切る。映像を通して、見てもらいたいものがあったからだ。

「若い連中には、純真さがある。一人や、一大学だけではなくて、みんながあの純真な感動、感激を持って出てきてんですからね。それをうまく伸ばすのが私たちの役目じゃないかと。やがてこの駅伝競技が、日本から東洋、東南アジア、ヨーロッパ、アメリカに普及して、世界の駅伝となって、オリンピックでやるようになったらもっと素晴らしいだろうと思うんですね」

　昭和62年（１９８７年）の第63回大会から日本テレビの生放送が始まった。そこには、スターターとして新たな時代の幕開けを告げる、釜本さんの姿も映っていた。

55

創部2年目、雑草軍団の奇跡

雑草であっても、誰も見てくれてなくても、小っちゃな花でも良いから自分の花を咲かせてやろう。

中澤正仁（山梨学院大学　第63、64回出場）

実績のあるランナーも、ケニア人留学生もいない、創部2年目のチームが予選会を突破する。今では考えられないようなことが、あの年は現実になった。

奇跡を起こしたのは、上田誠仁《まさひと》監督（当時27歳）率いる山梨学院大。若き情熱に導かれた1、2年生だけのチームが、予選会の狭き門をギリギリの6位で通過。1年生9

人という大胆なメンバーで箱根駅伝本戦に挑んだ。

初出場を果たした第63回大会（昭和62年）で、６区を走ったのが中澤正仁さん。芦ノ湖のスタートラインに1年生で立ったときの心境をこう振り返る。

「襷がつながるかとか、繰り上げになるんじゃないかとか、それよりもやっぱり、強豪という名のチームにチャレンジする、そんなワクワクの方が強かったです」

当時、上田監督がよく口にしていたのが「疾風に勁草《けいそう》を知る」。困難に直面した時にその人の真価がわかる。そんな意味の言葉だが、どんな強風にも挫けない強さを求めて、練習に励んだ。中澤さんは山を下りながら、その言葉を思い出していた。

「僕たちはサラブレッドではなく、どちらかというと雑草軍団と呼ばれるような集団であったので、絶対に雑草であっても、誰も見てくれてなくても、小っちゃな花でも良いから自分の花を咲かせてやろうという気持ちになってました」

結果は15校中最下位。だが、最後まで襷をつなぎきった選手たちの表情は晴れやかだった。卒業後、教職の道へ進んだ中澤さん。最初に赴任した高校には、あの高橋尚子さんがいた。高橋さんの座右の銘である「何も咲かない寒い日は、下へ下へと根を伸ばせ。やがて大きな花が咲く」は中澤さんが伝えたものだという。

箱根駅伝を夢見て、その夢を実現させた指導者から、五輪を夢見て、金メダルという大輪の花を咲かせた教え子が育ったのは、決して偶然ではないのだろう。

56 襷をペンに持ち替えて

ふつう最下位の人はガッツポーズとかしないんですけど。

高橋真（山梨学院大学　第63回出場）

箱根駅伝の人気が高まるにつれ、新興勢力と呼ばれる大学が次々に台頭した。その中で最もインパクトが強かったのが、創部からわずか2年で本戦出場を果たした山梨学院大学であっただろう。

第63回大会で初出場を飾ると、全員が2年生以下というフレッシュな顔ぶれながら、一度も繰り上げをせずに襷をつないだ。順位こそ最下位だったが、アンカーの1年生は笑顔で大会のゴールテープを切った。

あの時のアンカーが、「いいひと。」「最終兵器彼女」のヒット作で知られる人気漫画家「高橋しん」（本名は高橋真）さんだ。

「大きい大会になると嬉しかったんですよね。人が周りにいっぱいいて、自分を応援してくれるっていう状況が。まあ、ふつう最下位の人は（ゴールのときに）ガッツポーズとかしないんですけど、あれは瞬時に出ました。自分の中では、箱根駅伝をみんなで走り通したってことに価値を感じていて、それができたという喜びでしたね」

高橋さんは北海道出身。中高と陸上に打ち込み、陸上経験者の父親の勧めで山梨学院大に進学した。それまで箱根駅伝と言えばラジオの実況を聞いたことがあるくらいで、これほどの観客に応援してもらえるとは想像もしていなかったという。

2年目以降はメンバー選考から漏れ、選手を支える裏方に回ったが、その経験も自身の糧になっていると話す。

「たった一度の箱根駅伝だけど、たくさんのものを手にしました。二度とない特別な時間の中に自分もいた。それが今でも大きな自信になっています。辛くて苦しいけど、それを乗り越えたら喜びがあった。箱根駅伝で形になったその想いをテーマに、これから先も漫画を描いていきたいですね」

57　年齢制限に引っかかった若き日の名将

激励しながら、自分も走りたいという気持ちが自然と出てきますね。

大八木弘明（駒澤大学　第60～62回出場／駒澤大学監督）

人には誰しも無名の時代がある。後に駒澤大の監督として箱根駅伝優勝に8度導くなど、名指導者として名を馳せる大八木弘明さんもそうだった。

大八木さんは会津工業高校で長距離の魅力に目覚めた。箱根駅伝への憧れはあったが、進学する余裕はなく、就職の道に。だが、箱根への思いは断ちがたく、24歳で駒澤大の夜間部に入学すると、川崎市役所で働きながら練習に励んだ。

駒澤大では1年生の時から活躍。大学3年時（第62回大会）には各校の強豪が集う2区で区間賞を獲得し、学生界を代表するエースに上りつめた。しかし、最終学年で迎えた第63回大会は、期待されながらも27歳までという当時の年齢制限により出場ができなかったのだ。

選手としては出場できなかったが、思わぬ形でスポットライトが当たる。その大会では、伴走車のジープに同乗し、年下のチームメイトに激励を飛ばす大八木さんの姿があった。

「もう走れないけど、いても立ってもいられず、後輩のためにですね、応援しようという感じでジープに乗ってました。ですけども、なんていうか複雑な気持ちはありました。激励しながら、自分も走りたいという気持ちが自然と出てきますね。せめてもう1年早く入学していたら、年齢制限に引っかからずに走れていたのにとか、走ったら俺は負けないぞとかね。やっぱりそういう気持ちがあったから、実業団で陸上を続けたんだと思います。どんな時も、気持ちが一番大事じゃないでしょうか」

新たに知った、選手を走らせる喜び。そして、車上から選手の背中を押す、「男だろ！」のかけ声。名将に至る、原点である。

58 「花の2区」での双子対決

出来過ぎたストーリーのような感じで、ある意味すごく幸せな気持ちでした。

井田茂宣（法政大学　第65〜68回出場）
井田芳宣（専修大学　第66〜68回出場）

コース変更のたびに箱根駅伝の最長区間は変わったが、主力が担う区間は今も昔も変わらない。コースの難易度と戦略上の重要性から、いつしか2区はエースが集う「花の2区」と呼ばれるようになった。

その2区で、双子の兄弟対決が実現したのが、第68回大会だった。

兄の井田茂宣さんは陸上の名門報徳学園から法政大へ。弟の芳宣さんは兵庫県の県立高校から専修大へ。迎えた最終学年では共にキャプテンを務め、最後の箱根駅伝でついに同じ区間で相まみえることとなったのだ。

レースは3位で襷を受け取った弟が先行。56秒差で兄がその背中を追う。なかなかペースが上がらない弟に兄が追いつくと、そこでこんな会話が交わされた。

「10㎞を過ぎた頃に追いついてきて、（お尻を）ポンポンとされて『行くぞ』と言われたのかな。彼が追いついてきてから、なぜか自分の中ですごく気持ちが冷静になって、ホッとしたのかもしれないですね」（芳宣さん）

息を吹き返した弟はそこから3㎞にわたって兄と併走。最大の難所である権太坂を兄弟で乗り越えると、最後は兄の前に出た。それでも、個人記録は6秒差で兄の勝利。だが、チームの総合順位は専修大が法政大を上回った。勝負はまさに痛み分けといったところだろうか。茂宣さんが兄弟対決をこう振り返る。

「出来過ぎたストーリーのような感じで、ある意味すごく幸せな気持ちでした。お互いきっと、力的にも最終章で、そこで一緒に力試しができたっていうのはほんとに一生の宝物であり思い出ですね」

弟の芳宣さんもこう言ってうなずく。

「もしあのままにタイムスリップしてできるのであれば、もう一度やってみたいと思いますね。その時もまた6秒差で負けるのかもしれないですけどね（笑）」

59 マヤカから真也加へ

生まれつき速いわけではないです。練習と自分の心。目標を持って、それで強くなるんです。

真也加ステファン（山梨学院大学　第69〜72回出場／元創造学園大学監督、桜美林大学監督）

ステファン・マヤカ。その名を聞けば、プルシアンブルーの鮮やかなユニフォーム姿が目に浮かぶ。

昭和62年に箱根駅伝の生中継がスタートすると、そこで活躍をした選手はテレビを通してスターとなった。マヤカもまたその時代の申し子だ。

山梨学院大が初めて起用したケニア人ランナー、ジョセフ・オツオリの後釜として、第69回大会に1年生ながら箱根駅伝デビュー。4年連続で箱根の2区を走り、2度の区間賞を獲得。山梨学院大を2度の総合優勝に導いた。

そんな彼は、平成17年に日本国籍を取得し、真也加ステファンとして日本の大学生を指導している。最初にコーチとして携わったのは、創部2年目の創造学園大。卒業後に指導者の道を選んだのには、こんな理由があるという。

「(恩師の)上田(誠仁)監督に教わったこと。一生懸命がまんして、いっぱい練習して、それで強くなっていくんだから。生まれつき速いわけではないです。練習と自分の心。目標を持って、それで強くなるんです。それを教えたい」

ケニア人留学生だから速いわけではない。日本に来た当初は5000m16分台だった真也加さんが、一流の証しである13分台に自己記録を乗せることができたのは、苦しい練習を辛抱強く積み重ねてきたからこそだ。

「だから、創造学園の選手でもそういう、私もあなたたちみたいに弱かったよと。それでも練習で頑張って、強くなったと伝えたいんです」

夢は恩師である上田監督と箱根駅伝で戦うこと――。しかし歳月が流れ、上田監督は後進に道を譲り、創造学園大は廃校となった。それでも真也加さんは夢を追い続け、桜美林大学の陸上競技部で駅伝監督を務めている。

60 〝最強の補欠〟のパラリンピック金メダル

お前は最高の15番目の選手だった。

志田淳（東海大学　第71〜73回出場）

思い出話をしている途中、志田淳さんはうっすらと涙を浮かべた。

「レースの最後、選手が集合して、その輪の中に自分がいられなかったっていうのは、思い出すとまだ悔しい。嬉しいんだけど、悔しかった……」

第70回大会、東海大は過去最高順位に並ぶ5位に入った。ゴールの大手町では喜びの輪ができたが、その中に志田さんの姿はなかった。その年の予選会で好走したが、本戦はメンバー落ち。前を向けたのは、仲間の励ましだった。

「出場した選手が僕のところにやってきて、『14人（のメンバー）には入らなかったけど、お前は最高の15番目の選手だった』って。そうやって自分が努力してきた姿を見ていてくれたっていうのはすごく支えになりました。そう、『最強の補欠』ってね。その言葉に救われましたね」

次の大会で、志田さんは念願のメンバー入り。アンカーを担い、区間5位の好走で、仲間の待つフィニッシュに飛び込んだ。

「あれは本当にもう、今でも夢で見るくらい嬉しかったです。ずっとやってきたことが一つ実になったんだなって。万感の思いでゴールしました」

卒業後は、視覚障害者の目となる、ガイドランナーとして活躍。これまで北京とロンドンの両パラリンピックに出場。3度目のリオデジャネイロは男子マラソンの谷口真大選手とタッグを組んだ。相棒に伝えるのは、箱根駅伝から学んだ、こんな経験だという。

「強い思いですね。そこは持っていてほしい。自分もそうやって夢を叶えてきたので。リオではメダルを、何色でも良いからメダルを取りたい。で、次の東京ではそうですね。一番良い色の金メダルを取りたいですね」

まさに有言実行。リオこそ出場を逃したが、東京2020パラリンピックの女子マラソンで、今度は道下美里選手のガイドランナーを務め、金メダルを獲得した。流した涙はもちろん、嬉し涙だった。

61 エースランナー、どん底から復活

絶対、いてもらわないと困る存在ですし、上田監督に会えなかったら、本当に今の自分はなかっただろうなって。

中村祐二（山梨学院大学　第70～73回出場）

実況アナが思わずこう叫んだ。

「世界の中村が止まっています！」

第72回大会の4区でそのアクシデントは起きた。山梨学院大のエース中村祐二（3年）が苦痛に顔をゆがめ、天を仰ぐ。何度も立ち止まり、足を引きずって歩く姿に悲

壮感が漂う。上田誠仁監督が車を降り、すぐそばで「もう止めよう」と説得するも、応じることはない。ついにそれを見かねた審判長がリタイアを宣告。中村は人目をはばからず号泣し、襷は途切れ、山梨学院大3連覇の夢も絶たれた。

在学中にマラソンの日本代表として世界選手権にも出場していた学生界のエースだっただけに、そのリタイアは世間に衝撃をもって受け止められた。

まさに失意のどん底にあった中村さんを、時に厳しく、時に優しく、愛のムチで引き上げたのが上田監督だった。高校卒業後にいったんは実業団入り。そこで結果が出ず、引退も考えていた中村さんを、「一緒に箱根駅伝を目指そう」と大学に勧誘した恩師だ。監督を二度と悲しませたくはない。次こそ監督を胴上げしよう。そう思い、翌年の大会に中村さんは帰ってきた。

決意の坊主頭姿で2区を力走。8人抜き、雪辱の区間賞。4年生の意地を見せ、山梨学院大を首位に導いた。総合順位は2位に終わったが、中村さんの駅伝人生に悔いはない。上田監督がどんな存在なのかを問われると、穏やかな表情で言った。

「そうですね。絶対、いてもらわないと困る存在ですし、上田監督に会えなかったら、本当に今の自分はなかっただろうなって、そう思いますね」

62 選手を陰で支える審判長の矜持

もうちょっとで襷をつなげる場面であれば僕らも走らせてやりたいわけですよ。

藤田幸雄（法政大学　第28回出場　第71〜79回審判長）

箱根駅伝の長い歴史を、審判長として陰で支えてきた人たちがいる。彼らは時に、こんな場面に直面する。

第78回大会の2区、法政大のエースとして注目を集めていた徳本一善が突然スピードを失い、蛇行を始めたのだ。腓腹筋《ひふくきん》の一部を断裂する大ケガで、見かねた監督が徳本を止めた。辛い場面だが、審判長はその使命としてリタイアを告げなければならない。2区7㎞過ぎでの途中棄権は、今も大会史に残る最短記録だった。

その時、審判長を務めていたのが藤田幸雄さん。じつは自身も法政大のOBである。学生時代は中距離が専門だったが、第28回大会ではメンバーの一員として襷をつないだ。だからこそ、ランナーが持つ襷の重さは嫌というほど知っている。

「襷をもらったときにね、これは頑張らなければと思ってね、ガンガン行くわけですよね。つなぐということで、そこで仲間意識がだんだん強くなるんです」

審判長はレースの進行を司りながら、襷の行方を見守っている。平成7年から9年間、審判長を務めた藤田さんだったが、思い出深い大会が他にもあるという。

第76回大会の9区だ。東洋大の石川末廣が脱水症状で失速、後半フラフラの状態になったのだ。藤田さんはこの時、とっさに水を手に取った。

「本人は蛇行してんだけども、大丈夫かと聞くと反応がある。だったら俺が行ってやるよと言って、水を腕にかけたり、水を飲ませたりしてね。これならゆっくり走って行けばもうゴールまでたどり着けると。そういう見極めはね、担当する監督さんより僕らの方が、意外と物事を冷静に見られると思いますね。もうちょっとで襷をつなげる場面であれば、僕らも走らせてやりたいわけですよ」

母校の誇りを胸に、懸命に襷をつなぐランナーたち。同じように熱く、冷静な判断でそれを支える人たちがいる。

63 箱根を愛する歴史の証人

そうだね、何回だって……死ぬまで見たいな。

土屋峯三（箱根町在住）

土屋峯三さんほど、時代の生き証人と呼ぶに相応しい人もいないだろう。明治32年生まれで、取材した平成11年（1999年）の年齢は100歳。若かりし頃は箱根神社の宮大工も務め、長く箱根町に住み、箱根駅伝の歴史を見守ってきた。だから、こんな話もさらりと飛び出す。

「金栗さんが京都からですか、東京へと昼夜兼行で走ったことは覚えてます」

金栗とはもちろん、箱根駅伝を作った金栗四三のこと。大正6年に開催された、都が京都から東京に移って50年を記念する日本初の駅伝をこの目で見たというのだ。

その3年後に箱根駅伝はスタートするが、創生期は走ること自体が苦難の連続だった。道は悪く、箱根にランナーが来る頃には辺りは真っ暗。選手を気遣う地元の青年団が総出で、松明を持ってランナーを誘導したという。

「昔の箱根は本当の闇夜だったからね。街灯なんてなかったから。だから松明持って途中まで……。途中ったって、今じゃ考えられない、すぐそこだけどね。舗装された道なんてなかったから、迎えに行ってましたよ、若い衆が」

箱根駅伝が好きで、ずっと大会を見続けてきた人でもあるが、じつは4年間だけその光景に背を向けた時期がある。立教大の選手として、息子の邦夫さんが第25回から第28回大会まで4年連続で6区山下りを担当したのだ。期待よりも心配になってしまうのが親心だろう。邦夫さんが走っている間はずっと、土屋さんは箱根神社に願掛けをして、無事ゴールができるように祈っていたという。

これからも箱根駅伝を見続けますか、とインタビュアーが最後に問うと、土屋さんは笑ってこう答えた。

「そうだね、何回だって……死ぬまで見たいな」

64 防空壕に埋めて戦火から守った旗

日本記録を作ったときよりも、何よりも一生の思い出ですね。

青地球磨男（立教大学　第15回～18回出場）

20世紀も残すところわずかとなった平成12年11月末、箱根駅伝を主宰する関東学連にこんな申し出があった。

「戦前にお借りしたままの旗をお返ししたい」

その旗とは報知新聞社の社旗であり、申し出たのは、立教大ＯＢで箱根駅伝を走った青地球磨男さんだった。

青地さんによれば、戦前のある時期、箱根駅伝では各大学のサイドカーが選手と併走。そのサイドカーの予備タイヤの上に必ずこの旗が掲げられていたという。いわば、選手にとっての目印であり、つねに視界に入る思い出の旗だった。

立教大は青地さんが1年生の時に箱根駅伝初出場を果たした。4年連続で箱根を走り、最終学年では10区で区間賞を獲得している。彼は在学中に8００mの日本記録を樹立し、ベルリン五輪にも出場した名ランナー。おそらくはチームの代表としてこの旗を預かったのだろう。戦時中の混乱でも失わなかったのは、母親のおかげでもあるという。

「卒業したらそのまま軍隊に入って、戦争から帰ってきたら東京は焼け野原。呆然とする私に、母はきちんとたたまれたこの旗を手渡してくれました。球磨男の青春がしみ込んだ旗だからと、防空壕に埋めて戦火から守ってくれたようです」

そのまま家宝にしても良さそうなものだが、返還しようと思い立ったのはどのような理由からなのだろう。

「立教が駅伝に参加すればちょうど良い機会だと思っていたんですが、なかなか出られないものだからね（笑）。当時、箱根駅伝に出るということは、本当に我々の願望だったんです。日本記録を作ったときよりも、何よりも一生の思い出ですね。そんな歴史と思いが詰まった旗ですから、返すことができて私も本望ですよ」

立教大学が箱根に戻ったのは令和5年。55年振りの復帰となった。

65 「山の神」の信念

人の嫌がるところで勝負してやるんだっていう、そういう気持ちを強く持ってました。

今井正人（順天堂大学　第80〜83回出場）

「山の神、ここに降臨！　その名は今井正人」

順天堂大学の今井正人さんが第82回大会の5区で3年連続区間賞をマークした際、実況アナウンサーは、驚愕の思いを込めて彼のことを山の神と呼んだ。

そんな今井さんには、山に挑む際のこんな信念があったという。

「周りからもきついコースだというのは聞いていましたし、むしろ人の嫌がるところで勝負してやるんだっていう、そういう気持ちを強く持ってました」

足の状態を判断するバロメーターとなったのが、5区の名所「函嶺洞門《かんれいどうもん》」だった。落石防止のために昭和6年に開通したトンネルに似た構造物で、沿道からの歓声が一時途切れるため、ランナーたちはここで静寂を得たのだ。

「山を上るにしてもリズムが良くないといけなかったので、自分の足音っていうのを大事にしていて、洞門の中はまさにそれが聞こえますので、そういうところを意識して走ってました。函嶺洞門を過ぎて、さあここからだっていう、気持ちのスイッチと体のスイッチがうまく入るような場所でしたね」

83年もの間、ランナーを迎え入れてきた函嶺洞門だったが、老朽化のために封鎖され、第91回大会からは迂回するバイパスを通る新たなコース設計がなされた。距離の変更により、記録もまたリセット。山の神のタイムは参考記録となる。

「第82回大会で距離が延びた時、自分もなにか歴史を変えてみたいと思ったんです。箱根の5区を走ったことで、そんな気持ちになれた。人生が変わったターニングポイントが、5区を走らせてもらったことだったと思ってます」

時代の変化と共にコースは変わりゆく。だが、ランナーの挑戦する気持ちは決して失われない。山の神の称号もまた、2代目、3代目へと受け継がれている。

66 五輪ランナー、新興大学での挑戦

10区間のわずかひとつですけど、私や選手、大学にとっても大きな一歩じゃないかと思いますね。

花田勝彦（早稲田大学　第67〜70回出場／上武大学監督）

「こんにちは、初めまして」

そんな一文から始まる一通のメールが、かつての名ランナーを指導者の道に誘った。

上武大の監督になった、花田勝彦さんである。

花田さんと言えば、早稲田大時代にエースとして活躍。第69回大会で4区区間新を記録するなど華のあるランナーだった。卒業後も実業団に所属し、オリンピックに2度出場。現役生活にピリオドを打ったのは、平成16年のことだ。

あのメールを読んだのは、まさにその頃。上武大陸上部の学生から届いた、僕たちを指導してください、という必死の訴えが、花田さんの心を打ったという。

「（大学のある）群馬は中高生が強いですから、そういった意味で環境的には良いところだなと。ただ、上武大学という名前は聞いたことがなくて。自分自身引退して、まだ指導者としてはゼロの状態ですよね。そのときに教えてほしいと言ってくれる学生がいたってことで、それはまあすごく嬉しかったですよね」

そんな縁から、監督生活をスタート。創部まもないチームを一から鍛え上げ、就任3年目で過去最高の箱根駅伝予選会13位というところまで実力を伸ばしてきた。予選会で活躍した1年生の四辻翼が第83回大会の学連選抜チームに選ばれたことを受け、花田さんはこうエールを送った。

「10区間のわずかひとつですけど、私や選手、大学にとっても、大きな一歩じゃないかと思いますね。私も4年の時に2区を走りましたけど、ほんとずっと沿道から声援が絶えなくてですね、正直なところ冷静に走れなかったんです。四辻にはもし走るんであれば、本当の意味でのプレッシャー、それをやっぱり感じてきてほしいですね」

上武大は花田監督のもと、平成21年に悲願達成。41校目の箱根駅伝出場校となった。

67

最強の市民ランナーを生んだ山下り

区間3位でしたけど、多分、下りだけのタイムだったら僕が一番速かったんじゃないかな。

川内優輝
（学習院大学　関東学連選抜として第83、85回出場）

「箱根を切っ掛けに、学連選抜を切っ掛けに、僕というのは一気に競技力も上がったと思っているので。大学時代の経験はすごく大きいです」

そう話すのは、公務員ランナー（現在はプロランナー）として一世を風靡した川内優輝さん。彼は学習院大学時代に2度、関東学連選抜の一員として箱根駅伝を走っている。

区間はいずれも6区。山下りに自信を持っていた。

川内さんは、強豪校の選手たちと戦うために戦略を練った。独自に「箱根ノート」を作り、6区のコースをいくつかに区切って、それぞれの区間をどれくらいのタイムで走れば良いかを細かく分析。決して強いとは言えない大学だったが、そうした創意工夫で実力を培ってきたのだ。

大学にグラウンドはなく、競技場を使用できるのは週2回だけ。それでも、持ち前の集中力と質の高い練習で頭角を現す。そして力をひとつ上のレベルにまで引き上げてくれたのが、箱根駅伝出場の経験だった。初めての6区は区間6位だったが、最終学年で挑んだ6区は区間3位、自身の記録を57秒も更新してみせた。

川内さんは成長の理由をこう語る。

「普段の練習から走り終わるとバタン（倒れる）という、それを繰り返してきました。やっぱり、（強豪校の選手に）負けたくないから頑張る。ここで引いたらダメだと。詰めなければいけないと。区間3位でしたけど、多分、下りだけのタイムだったら僕が一番速かったんじゃないかなと思ってます」

負けず嫌いで、工夫好き。彼が今も走り続けている理由もきっとそこにある。

68 兄の遺した言葉を胸に

とにかく何も考えずに毎日走れ。

佐藤和雄（第20、21回に出場した鵜沢実の弟）

美しく走る姿を捉えた一葉の写真。11歳年上の兄の遺影を前に、佐藤（旧姓鵜沢）和雄さんはしみじみとした口調でこう話す。

「襷をピシッとやって、格好良いですよ。力強いって言うか、はい。もうほんとに自分の力を出しきって走ってますね、箱根駅伝は」

兄の実さんは中央大のエースとして活躍。昭和14年と15年の大会に連続出場し、区間上位の成績を残した。夢はオリンピック出場と話していたが、届いた召集令状がその希望を打ち砕く。実さんはユニフォームを軍服に着替え、戦地へと赴いた。その頃、和雄さんは兄から手紙を受け取っている。

「うちの兄貴は騎兵隊だったんですね。それでなんか走る方を現地に行ってもやっていた。僕に対してはとにかく何も考えずに毎日走れと。そう手紙に書いてました」

鉄砲を担がず、自由に走れる日が来ることを願いながら、実さんは志半ばで命を落とした。弟の和雄さんは「とにかく何も考えずに走れ」という言葉の真意をその後、長らく理解できずにいたという。

だが、定年を機にふとランニングを始めると、言葉の意味がわかり始める。気づけば66歳で100kmマラソンを完走するまでになり、こんなふうに思った。

「考えてみると、苦しいことを先にドンドンどんどんやっていけと。そうするとラクがいつの間にかものすごい力で返ってくるから、本当の楽しさがわかるよと。走ることが、人生の手本なんですね」

どんなに長くとも走ればその分ゴールは近づく。サボらず頑張れば後半がラクになる。兄が伝えたかった思いが、走ることで理解できた。和雄さんはこうも言う。

「走る楽しさを教えようとしてくれた。今になってね、兄貴に感謝してますよ」

走りたくても走れなかった兄の思いを受けとめ、和雄さんは80歳を超えてなおランニングを楽しんでいる。

69

ライバル物語の序章

なんか、不思議っすよね。でも、揃っているメンバーの中で区間賞を取れたっていうのは自信になりましたね。

設楽悠太（東洋大学　第87〜90回出場）

あの日、風が強く吹いていた。

第89回大会（平成25年）の3区、湘南大橋を吹く風に体ごと持っていかれそうになりながらも、踏ん張ってトップを走っていたのが東洋大の設楽悠太（3年）である。

後ろからは、同学年の大迫傑（早大）や井上大仁（山学大・2年）らが集団となって追いかけていた。この年は、各大学のエース級が３区に顔を揃えていた。

彼らの後の歩みを思うと、この年の駅伝が特別なようにも思えてくる。

長らく低迷した日本男子マラソン。平成30年の東京マラソンで従来の記録を16年振りに更新したのが設楽だった。同じ年、井上は日本人選手としてじつに32年振りとなるアジア大会の金メダルを獲得。マラソンの記録は同年、さらに大迫によって塗り替えられた。シカゴマラソンで設楽の記録を21秒更新。停滞していた時計を、一気に前に動かしたのがこの世代である。

まるで将来、こうなることを見越していたかのように、３区を走る設楽さんには、運営管理車に乗る酒井俊幸監督から、こんな檄が飛んでいた。

「お前、今、大迫に10㎞通過で20秒負けているからね。20秒負けてるぞ」

独走していても気は抜けない。競い合うライバルがいたからこそ、設楽さんは全力を出し切り、全力を出し切ることで少しずつ記録を伸ばしてきたのである。

この大会、注目の３区を制したのは設楽さんだった。２位の大迫に８秒差をつけて区間賞を獲得。あらためてこのレースを振り返り、設楽さんはつぶやく。

「いや、なんか、不思議っすよね。でも、揃っているメンバーの中で区間賞を取れたっていうのは自信になりましたね」

卒業後も彼らのライバル物語は続いている。伝説の３区を踏み台にして。

70　白バイ隊員の箱根

箱根駅伝は私の警察人生と同じくらい歩んできましたのでまさに警察人生そのものだと思ってますね。

中村亨（神奈川県警　白バイ隊員）

些細なことが、人生の行方を大きく変える。神奈川県警の白バイ隊員である中村亨さんが箱根駅伝と深く関わるようになったのも、ちょっとした偶然からだった。

中村さんは警察学校を卒業後、昭和51年に箱根駅伝のコース上にある宮ノ下交番に配属された。箱根駅伝では、東京区間は警視庁が、神奈川区間は神奈川県警が警備などを受け持つ。やがて、白バイ隊員となった中村さんは、第64回大会で初めて選手を先導する大役を担った。

復路の6区から8区を先導したが、その日の箱根山はあいにくの空模様。テレビ映像が白く霞むほどの朝霧に包まれた。トップを走っていたのは、順天堂大の仲村明選手。同じ響きの名字を持つランナーのことを、中村さんはよく記憶していた。

「コースの内側を走られると、あっというまに真横にいることが何回もあったですね。このランナーはものすごく速いなっていう印象はありました。伴走している監督がメガホンを持って、後ろから大騒ぎしていたのも覚えてます。『白バイについていけ』『白バイについていけ』って、それしか言わないんですね（笑）」

前方の視界が霞む中、確かな運転技術で前を行く白バイの存在は、トップを走る選手にとってはありがたかっただろう。仲村は6区の区間新記録を出す快走。この年、順天堂大は復路5人全員が区間賞で走り、3年連続7度目の総合優勝を飾った。

中村さんは「定年前にぜひもう一度」と請われ、第91回大会でも箱根ランナーの先導を務めた。初めて大役を担ったときから、その信念は揺らいでいない。

「あくまでも主役は選手なので、選手の方が自分の力を精一杯出せるように先導してます。箱根駅伝は私の警察人生と同じくらい歩んできましたので、まさに警察人生そのものだと思ってますね」

71 親子二代でかなえた夢

どういう形で終わったにしてもですね、おめでとうと言ってあげたい。

小川保夫（東京農業大学）
小川博之（国士舘大学）

うまくいくばかりが人生ではない。箱根駅伝出場に情熱を傾け、大学の2年間を走ることに捧げたが、小川保夫さんがその舞台に立つことはついになかった。

「最初で最後の予選会、残り1㎞ちょっとで意識が薄れて……。聞くところによると、フィニッシュ400m手前くらいで倒れたそうです」

東京農業大の2年生（短大部）だった小川さんは、箱根駅伝の予選会でリタイア。チームも望みの成績を挙げられず、ゴールすることすらできずに夢は絶たれた。

だが、その夢が再び膨らむ。息子の博之さんが箱根を目指したのだ。

博之さんは高校時代から実績のあるランナー。国士舘大学に進学し、関東インカレでチャンピオンになるなど大学でもエースに成長した。しかし、チームは低迷期に入っており、なかなか予選会を勝ち上がれない。

4年生で迎えた最後のチャンス。博之さんはチームトップの成績で気を吐いたが、その努力が報われることはなかった。予選会が終わった直後の広場で、泣きじゃくる息子の肩に手をやり、保夫さんはこう声をかけたという。

「ご苦労さんと、ただそれだけだったですね。本人は泣いてましたけども、そのひと言しか私は出ませんでした」

この夢にはまだ続きがあった。息子の博之さんが実業団で活躍。そして、引退。その後、母校のコーチに就任すると、国士舘大学を3年振りとなる箱根駅伝出場に導いたのだ。第93回大会、コーチとしてではあるが、博之さんがついに夢の舞台に立つ。父の予選会途中棄権から、じつに40年もの歳月が流れていた。

「彼にとっては初めての箱根駅伝ですので、お正月3日に帰ってきたら、おめでとうと言ってあげたいなと思ってます。どういう形で終わったにしてもですね、おめでとうと言ってあげたいなと思ってますけどね」

72 箱根の山の風物詩

卒園生がね、目立つようなものを着て（応援）やってねって。

大橋ミチ（箱根恵明学園　寮母）

箱根の山中にある、七曲りの山道。あるカーブまで来ると、聞こえてくるのが子どもたちの賑やかな声援だ。山の５区を駆け上がり、早朝の６区を一気に下るランナーたちにとって、その声援は何物にも代えがたい清涼剤のようなものであっただろう。

声を上げていたのは、児童養護施設「箱根恵明学園」に通う子どもたち。下は乳幼児から上は高校生まで、様々な事情で親と一緒に生活ができなくなった子たちが寝食を共にしている。コース上にあるため、箱根駅伝の時には卒園生たちも駆けつけて、ランナーに大声援を送るのが箱根の風物詩になっていた。

学園は戦後まもなくの昭和24年に開園。当時は、戦災孤児が大半だったという。沿道に立って選手を応援すれば、その姿が写真や映像に映り、生き別れた家族たちから連絡が来るかもしれない、といった特別な事情もあった。

その学園が宮ノ下への移転に伴い、平成最後の年に姿を消した。もう60年近く、ここでご飯を作り続けてきた寮母の大橋ミチさんは、寂しさが隠せない様子だった。

「もう寂しいんです。この土地で57年ね、住み慣れたところを離れるのが。すぐ涙が出ちゃうんですよ」

ここ数年、応援の際に、大橋さんは決まって水色のコートを身につけてきた。それにはこんな理由があるという。

「卒園生がね、目立つようなものを着て（応援）やってね、っていうんです。『何色着るの』って聞いたら、水色って。よく（テレビを）見てるからねって。みんな楽しみにしているんですよね。駅伝の中継をね」

大橋さんの応援する姿に、選手はもちろん、今は離れて暮らす卒園生たちも勇気づけられてきたのだろう。移転を機に、大橋さんは退職。平成31年1月2日、3日、寂しさを振り払うかのように声援を送る、89歳の優しい笑顔があった。

73 26年振りの美酒

録画して見て、
やっぱり嬉しくて。
通過した瞬間を見て、
ビール飲んでまた何回も見て。

千葉信彦（筑波大学　第70回出場）

大学名が読み上げられた瞬間、予選会会場の一角から大歓声が上がった。第96回箱根駅伝予選会で、筑波大が6位に入って本大会出場を決めたのだ。この26年振りとなる箱根駅伝出場を、ことのほか喜んだ人物がいた。

筑波大OBの千葉信彦さん。彼こそが、26年前のチームのキャプテンだった。

「録画して見て、やっぱり嬉しくて。通過した瞬間を見て、ビール飲んでまた何回も見て、じゃあ飲み過ぎちゃいまして。ハハハハ」

ほろ酔い気分で思い返したのは、自身の大学4年間。当時の筑波は予選会を通ることもままならず、3年連続で予選落ち。挫けそうになる気持ちをなんとか奮い立たせたのは、箱根駅伝を走りたいというその一心だった。迎えた最後の予選会、千葉さんは嬉し涙を流す。ついに本戦出場の切符を摑んだのだ。

「箱根に憧れて、大学に行って、箱根を目指して練習してっていう、僕の人生を形づくっている半分くらいは、駅伝が切っ掛けになっているなと思うんです。若者の夢じゃないですけども、そういうのをずっと持っていたと思いますね」

たどり着いた夢の舞台で、千葉さんは1区を走った。70回の記念大会で例年より5校多い20チームが参加する中、区間12位と力走した。チームは最下位に敗れたが、青春に悔いはない、と千葉さんは胸を張る。

「一生懸命やらないと、結果が出なくてもそこになにも得られるものはないんじゃないかなと。そういった思いを励みにして、ぜひ箱根本番でも予選会同様、後輩たちにはサプライズを起こしてほしいなと思います」

74　箱根100年に寄せて

100年経ってもこぎゃん騒がれて（父は）しっかり喜びますよ。

（金栗）スミ子・ヨシ子・元子

箱根駅伝の歴史は大正9年（1920年）に始まる。令和2年（2020年）はちょうど100周年という記念年。そのタイミングに合わせて、金栗四三の生まれ故郷である熊本県玉名市で、三姉妹が揃って父の思い出話を語った。

「100年経ってもこぎゃん騒がれて、（父は）しっかり喜びますよ」

そう話すのは、五女の元子さん。そうね、と四女のヨシ子さんもうなずく。

「続いたっていうことがなんかね。父の執念だから、続いたんじゃないかなと思うときがありますね」

金栗は明治45年、ストックホルム五輪に出場し、日本初のオリンピックマラソンランナーとなった。しかし、そのレースは熱中症が原因で完走できず。その悔しさから、後輩の育成に力を傾け始めた。孤独な道も仲間と走れば楽しい。大学対抗戦にすれば練習にも身が入るからと、箱根駅伝を立ち上げる。多忙な毎日だった。

「だから、正月に父は（家に）いないのが当たり前みたいで」（ヨシ子さん）

「みんなこういう家庭が多いのかなって思ったら、違ったのよね（笑）」（三女のスミ子さん）

金栗が特に力を入れたのがマラソン。マラソンこそが、日本人が世界で活躍できる競技だと説いた。そんな思いを語った、89歳時の貴重な肉声が残っている。

「マラソンだけは勝てる。他の（競技）は体の問題。背が高くて、体重が多い方が勝つ。マラソンだけは（勝つ）。これは未来永劫」

情熱があふれるほどの熱血漢だったが、家の中では優しい父親だったという。

姉妹は揃って、金栗の思いを代弁するかのように、こう述べるのだ。

「100年まで続けていただいて、ほんと感謝しております。父は幸せもんです」

75 大災害を経て

ここで負けちゃいけないと。やっぱり自分から走ることを取ったら何も残らないなって。

地下翔太（上武大学　第87回出場）

上武大学ＯＢの地下翔太さんが憧れの舞台にたどり着いたのは、大学4年生の時だった。小学生の頃から思い焦がれた箱根駅伝出場。アンカーとして襷を受け取り、走り出した地下さんに、当時の実況アナウンサーはこんな言葉をかぶせた。

「最初で最後の箱根駅伝です。卒業後は熊本県球磨《くま》村の村役場に就職します」

競技の陸上は大学で辞めると心に決めていた。卒業後は、地元の熊本に帰り、地域振興に力を入れる予定だった。運営管理車に乗る花田勝彦監督からは、走っている最中にこんな言葉をかけられたという。

「熊本から来てくれてありがとう、と。嬉しかったのを覚えています」

区間記録は17位だったが、悔いはなかった。4年間一生懸命やったと思えることが、自身の誇りだった。役場に就職してからは、趣味で走り続けた。マラソン大会にも役場のユニフォームを着て参加し、優勝したこともある。

穏やかだった人生に、突然の災難が降りかかったのは、令和2年7月のことだった。集中豪雨により、球磨川が氾濫。球磨村では被災地最多25人の命が奪われる大災害だった。地下さんは祖父を亡くし、自宅も損壊。「もうどうしたらいいかもわからないような状況」で、役場の仕事に追われた。そんな時、恩師からメールが届く。

「『みんなのために頑張る君を誇りに思います』って。それを見て、すごい活力が湧いてきて、ここで負けちゃいけないと。やっぱり自分から走ることを取ったら何も残らないなって、そう気づく切っ掛けにもなって。なぜかこの時、箱根を目指して頑張っていたときのことをすごく思い出しましたね」

努力はきっと報われる。思いはいつか届く。あの日、憧れの舞台にたどり着いた経験を糧に、地下さんは、走ることで村の魅力を伝え続けている。

76

44年振りの学生五輪ランナー

一人だったらきっと、井の中の蛙で終わっていた。

竹澤健介（早稲田大学　第82～85回出場）

「僕たちの頃は出る止まりだったのが、やっぱり戦えるところまで来ているなっていうのは、東京オリンピックを通じて感じたところかもしれないです」

そう話すのは、早稲田大ＯＢの竹澤健介さん。世界中の目が注がれた東京２０２０オリンピックで、順天堂大の三浦龍司らが活躍（３０００ｍ障害で7位入賞）。若い力が躍動する姿に、自身の大学生活を重ね合わせた。

竹澤さんも学生時代、北京オリンピックに出場。現役学生ランナーが五輪の舞台に立つのは44年振りの快挙だった。その時、5000mと10000mの長距離2種目に出場したが、世界の壁の高さを思い知らされたという。

「けっこう自分のなかでは走れたなっていう印象だったんですけど、それでも一周遅れ(苦笑)。でも、オリンピックに出ないと自分がまだまだなんだっていうのも気づけなかったでしょうし、高いところから見た景色はやっぱり面白いし、楽しいよっていうのは伝えたいですね」

五輪で得た経験を糧に、竹澤さんは4年生として最後の箱根駅伝に挑んだ。3区を走り、前の4人を抜き、区間新記録を打ち立てる圧巻の走り。学生時代に実力をぐんと伸ばせた理由について、こう振り返る。

「仲間がいるから世界を目指せる。僕はそう思います。仲間との切磋琢磨の中で一つの夢が生まれて、その夢がオリンピックだった。一人だったらきっと、井の中の蛙で終わっていたと思うんです」

竹澤さんは現在、摂南大学でコーチを務める。この先に見る夢があるという。

「自分を超える選手を育成したい。それが大きな夢ですね。学生たちの目標を一つひとつ叶えていって、その先に夢が叶っていたらすごく嬉しいでしょうね」

77　夢にまでみた五輪の舞台

自分の走力っていうのは
唐澤さんと出会うためだったり、
唐澤さんと銀メダルを一緒に取る、
そのために培ってきたのかな。

小林光二（中央学院大学　第84回〜87回出場）

競技人生を笑顔で締めくくれるランナーがどれほどいるのだろう。中央学院大の主力として箱根駅伝に4度出場。卒業後は実業団でも活躍した小林光二さんだが、令和3年の春に競技を引退した際、こんな思いに駆られたという。

「東京オリンピックに選手として出たかったです。それが一番の心残りでした」

未練を残しての引退だったが、思わぬ人との縁から、小林さんは再びシューズを手に取る。東京パラリンピックへの出場が決まっているパラアスリートが、力のあるガイドランナー（伴走者）を探しているというのだ。もう一度、東京を目指せる。彼は、重度の視覚障がいがある唐澤剣也選手の「目」になることを決心した。

ガイドランナーの役割は、視覚障がい者ランナーが安全に走れるようサポートすること。襷ではなく、一本のロープを互いに手で持って走るのがルールだ。小林さんは懸命にそのスキルを磨き、ついに夢にまで見た新国立競技場のトラックに立った。

日の丸を背負うという夢が思わぬ形で実現したが、「箱根駅伝であれだけのプレッシャーを経験したからなのか、あまり緊張はしなかったですね」と冷静に唐澤選手の走りをサポート。見事、5000mT11クラスの銀メダルを獲得した。

「今まで競技をやってきて良かったなって。もしかしたら自分の走力っていうのは、唐澤さんと出会うためだったり、唐澤さんと銀メダルを一緒に取る、そのために培ってきたのかなって。そう思っちゃうくらい幸せなことでした」

最強のタッグを目指し、2人は次のパリ大会に向けて練習を重ねている。その日々がいかに充実したものであるかを、二人の笑顔が物語っていた。

78 55年振りの復活

8秒という十字架を俺はずっと背負ってきたなって。

高橋憲司（立教大学　第44回出場）

失礼ながら、と高橋憲司さんは打ち明ける。

「自分が生きている間に、立教が箱根を走る姿は見られないと思ってました」

その予想を良い意味で裏切り、第99回予選会で、じつに55年振りの箱根駅伝出場を果たしたのが母校の立教大だ。高橋さんが感慨に耽るのも無理はなかった。55年前の第44回大会で、襷を最後に持って走ったのがアンカーの高橋さんだったのだ。

当時、立教大は予選落ちが続いていて、「シード権確保」がチームの合い言葉だった。

往路を終えた時点でシード圏内の9位。だが、翌日の復路は波乱の展開となった。トップの日本大があまりにも速かったため、なんと11校もの大学が繰り上げスタートになったのである。

「まず4チームが呼ばれて、次にまた4チームが呼ばれて、最後に3チーム。で、それぞれ1分おきに走りますよと。ですからもう、私を含めて（シード圏内の10位まであと何秒か）全然わからなかったと思いますね」

アンカーの高橋さんに襷が渡っても、正式な順位が今何位なのかを知る術《すべ》はなかった。それが非情な結果につながってしまう。ゴール後にタイムを集計した結果、立教大の順位は11位。10位の早稲田大にわずか8秒及ばなかった……。

「あそこをもうちょっと慎重に走っていれば、8秒、9秒短縮できたんじゃないかなと。なんか8秒という十字架を、俺はずっと背負ってきたなって感じがして」

シード権が取れなかったばかりに、立教大の低迷を招いた。高橋さんはそう自分を責め続けてきた。だが、その呪縛からもこれで解き放たれるのではないだろうか。

「8秒の重みがちょっと軽くなったのかなと思います。後輩たちには、よくぞ頑張ったと伝えたい。本戦では自分の持てる力を全部発揮してもらいたいですね」

79 キルギスで五輪代表を育てる

僕はよく「サンパドゥマイ」と言うんですけど、その意味は「自分で考えろ」。

高橋賢人（大東文化大学　第84、86回出場）

箱根から世界へ。ランナーではなく、指導者としてその夢を叶えた人物がいる。高橋賢人さん。彼が育てたのは、キルギス共和国初のマラソンランナーだ。

「僕はよく『サンパドゥマイ』と言うんですけど、その意味は『自分で考えろ』。何のために練習来てるの。寝たければ寝たら良いよ。遊びたければ遊びに行きなよ。なんでここに来てるのって。そういうことをとにかく練習前に伝えてました」

　キルギスに来たのは、実業団を引退後、青年海外協力隊に応募したのが切っ掛けだった。東京２０２０オリンピックに向けた選手の強化と発掘を依頼され、大東文化大で箱根駅伝を2度走ったことがある自分ならばと手を挙げた。しかし、ロシア語もわからないまま来てみると、選手の競技レベルは想像していた以上に低かった。

「雨が降っていたら、濡れるからイヤだとか。雪が降ったらやらないとか。それに彼らは、比較的新しいシューズを一足5人くらいで使い回して走ってます」

　決して裕福とは言えない環境に加え、練習への意識が低い選手たち。高橋さんは少しずつ彼らの意識を高めながら、練習を工夫していった。とりわけ強調したのが、自ら考え、自らの意思で走ることの重要性だった。箱根の山上りに憧れ、最終学年でようやく5区を任されるまでに成長した、自らの経験を熱く語った。

　すると、1年が過ぎる頃には、雨が降ってもイヤと言っていた選手たちが、雪の中で自主練習をするようになった。

　そしてついに、高橋さんが指導した2選手が東京オリンピックに出場。選手も指導者も、夢を叶えた。意思あるところに道は拓ける。箱根から世界へ飛び出していく手段は、ひとつの形だけではないのだろう。

80　名解説者を偲ぶ

両足動いてる、足が動いてる。いいぞ。1、2、そうそう、1、2、そうそう、1、2、1、2、良い感じだ！

碓井哲雄（中央大学　第39回〜41回）

穏やかな人柄がにじみ出るような語り口調、わかりやすい説明、碓井哲雄さんは長く、箱根駅伝中継の解説者としておなじみだった。

選手時代、中央大の5連覇がかかった第39回大会に、碓井さんはアンカーとして初出場。区間3位の走りで優勝のゴールテープを切った。続く第40回大会は2区で襷をつなぎ、ついに中央大は6連覇を達成する。大学最後の駅伝は第41回大会、この年も2区で好走したが、チームは敗れて7連覇を逃した。勝利だけではなく、負けたときの悔しさを知ったことが、碓井さんにとっては大きかったのではないだろうか。

その後は指導者として、当時低迷していた母校のコーチを引き受けた。中央大はやがて、シード校の常連に返り咲く。ユニークだったのは、そのかけ声だ。メガホン片手に、前を走るランナーにこう声をかけた。

「1、2、おおいいよ、両足動いてる。足が動いてる。いいぞ。1、2、そうそう、1、2、そうそう、1、2、1、2、良い感じだー」

正月の箱根路に小気味よく響く名口調。チームの礎を築くと、第71回大会から日本テレビの解説を務めるようになった。自身の教え子たちが躍動し、中央大が32年振り14回目の優勝を果たすのは、テレビ解説を始めた翌年のことだった。

中央大が復路で逆転したとき、1号車に乗る碓井さんはこんなことを話している。

「ずっと復路が強い、強いと言われて、やっと花が咲きましたね」

勝者に優しく、敗者にも優しかった碓井さんが、心不全で亡くなったのは令和3年のこと。最後まで気にかけていたのは、あの第72回大会以来、優勝から遠ざかっている母校のことだったという。天国からきっと、エールを送っている。

アナウンサーが語り尽くす「箱根駅伝の言葉」が生まれる瞬間

平川健太郎
1992年入社。入社以来、続けて箱根駅伝中継に携わる。第91回大会からセンター実況を連続で担当。これは日テレ箱根駅伝中継史上最多。

蛯原哲
1997年入社。1号車の実況を第95回大会から担当している。2号車を7回、3号車を1回、バイクを3回と移動中継車の経験が豊富。

森圭介
2001年入社。1号車やセンターのサポートから始まり、その後は中継所、バイク、移動中継車、フィニッシュ地点と幅広く実況を担当。

徳島えりか
2011年入社。入社1年目に平川アナ（フィニュッシュ地点）のサポートを務める。その後、直前番組、続報番組、インタビューなどを担当。

杉野真実
2012年入社。蛯原アナ（フィニュッシュ地点）、平川アナ（センター）のサポートを経験し、インタビューや直前番組、沿道リポートを担当。

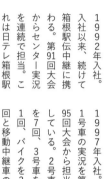

森　今日は箱根駅伝で記憶に残る言葉、名実況、名フレーズをテーマに話そうということで集まったわけですが。

蛯原　じゃあ、私から。監督の言葉で「君、乳酸値ってわかるか？」っていう言葉があるんですよ。

森　蛯原さん、別に笑いから行かなくていいんですよ。

蛯原　これ、本題です。入社1年目で箱根駅伝に初めて携わったのが27年前。アナウンサーは取材担当制というか、1つの大学を1人のアナウンサーが責任を持って取材をすることになっていて、私は順天堂大学担当になったんですね。それが貼り出された瞬間、先輩方はニヤニヤしていて、なんで笑ってんだろうな、当時会社は麴町で、順天堂大学は千葉の佐倉市酒々井《しすい》にあって、ちょっと遠いから「蛯原、大変だな」と笑ってるのかなぐらいに思っていました。

行ってみたらですね、もう、すぐ合点がいった。当時の監督は澤木啓祐さんという陸上界の重鎮。オリンピックも2度走って、箱根も監督で4連覇をはじめ当時7回優勝していて。でも私は澤木さんのことをよくわからず、陸上もよくわからないままちょっと準備をして行ったわけです。教授室に入って「失礼します。日本テレビの蛯原です」と入ったら、今でも忘れません、窓際に澤木先生が立ってコーヒーか何か飲んでいて。いきなり、「おー、君かね。君、乳酸値ってわかるか?」。うわーっと思って直立不動ですよ。「申し訳ありません。勉強不足です。わかりません。ぜひ教えてください」。そこから陸上に対する医科学的なところ、乳酸値、最大酸素摂取量、心肺機能、こういったものが陸上選手にとって大事なものなんだと知って、そこからすべてがスタートしました。

平川　私、言っていいですか。駒澤大学の大八木（弘明）さんの「子どもたち」という言葉が大好きで。学生、選手と監督っていう間柄ではあるんだけれど、選手と言わないいんだよね。必ず子どもたちって言いますよね。大八木さんがまだ若いコーチの頃からずっと使っていたと思うんだけど、年代が上がるごとに本当の自分のお子さんの年代を見るような監督になってきて、子どもたちっていう表現がすごくしっくりくるんだよね。昨年度の三冠に関しては子どもたちからの熱意で監督が動いたんだな、とあらためて感じたので、私の中では、好きな言葉です。

森　私は22年間箱根に携わっていますが、大八木さんの変化というのはここ数年、本当に驚くぐらいじゃないですか。

平川　髪型や風貌はほぼ変わってないですけれど（笑）、内面がね。本当にいい意味でだんだんおじいちゃんになってきている、教え子だった藤田敦史新監督を見つめる姿とか。そういうところにも箱根の歴史の積み重ねを感じますよね。

森　近年、本当に優しくなったなって皆さん言いますよね。

蛯原　「勝てなくなったから俺も変わらなきゃいけないな」と目線を下げ始めて、「俺について来い」からどんどん寄り添う、肩を横に並べるような形になったんじゃないかなと、娘と呼ばれている杉野さんが言っています（笑）。

森　杉野さんは駒澤大学を何度も取材して、大八木監督からの信頼が厚いですね。

杉野　長女を拝命して（笑）。

森　変化、感じます？

杉野　そうですね。私が大八木監督と初めてちゃんとお話しできたのが夏合宿に行ったときで、辛い練習が終わった後、一人ずつにちゃんと声をかけていたんです。見ていると、選手は監督を怖がっているわけじゃなくちゃんと言葉を受けようとしていて、そういう関係があるからこのチームって成り立っているんだなって感じましたね。覚えてらっしゃる方いるかわからないんですけど、工藤（有生《なおき》）君。

森　工藤君ね！　第94回の7区。私、あの時に実況したから。

杉野　そう！　4年生の工藤君が7区で急ブレーキで、駒澤大学がシードを落として予選会に行くことになったとき。監督は、最後にちゃんと公式に言っているんですけれど、「情で起用してしまった」と。あれだけ長く監督、コーチを経験していても、やっぱり子どもたちに対する愛情が情になって起用して、結局彼を苦しめ、チームを……と見たことない顔をしていたのを今でも覚えています。

泣きそうになって実況しましたね。隣にいたディレクターは号泣してたって言ってましたけど。

森　工藤選手の横に私が3号車でついていたんですけれど、丸刈りにして気合いを入れて箱根に臨んでいたんです。でも、本調子じゃないからやっぱりいつもの工藤君の走りじゃなくて。序盤、大八木監督は「男だろ！」とハートに火をつけるような言葉を言っていたんですけれど、最後、工藤選手はフォームがバラバラになって本当に苦しい状態で。そうしたら大八木さんが「いいか、あと1㎞下るだけだぞ」「いいか、4年生最後だぞ」って言ったんですよ。

運営管理車からいつものトーンじゃない優しいトーンで喋り始めたから、これ、僕は喋れないよねと思って、マイクスイッチを切って聞いていて、ラスト1㎞の背中を押すときにあえて優しい言葉を使った大八木さんを目の当たりにしたときに私、泣きそうになって実況しましたね。隣にいたディレクターは号泣してたって言ってましたけど。

平川　徳島さんはどうですか。

徳島　私は大八木監督のある意味対極のような存在の、徳本（一善）監督を。

一同　おー。

徳島　第98回、駿河台大学が初出場したときの取材担当をさせていただいて。大学に行った瞬間に新しいチーム、新しい監督だなと感じました。徳本監督は本当に選手と一緒に走りますし、監督でありながら良き先輩、良きお兄ちゃんみたいな存在でもあって。特に、中学の先生を休職して大学に編入した今井隆生選手とは飲みに行くこともある関係性だったのに、部では監督と選手として練習している様子を見ていました。本番、今井選手が4区を思うように走れなかったので本当に申し訳なさそうにしている中、徳本監督が運営管理車から「謝ったらぶっ飛ばすからなー」って言って去っていくんですよね。その言葉だけ切り取ってしまうと、誤解を招いてしまうかもしれない強い言葉だとは思うんですけれども、それまでの二人の間の信頼関係や、歩んできた道のりをきちんと伝えることができていればとても心に響く言葉だし、あのお二人でしかかけられない言葉だなと思って、そういった背景もしっかりと中継を通して伝えなくちゃいけない。伝えるのが私たちアナウンサーの仕事だなと思った言葉でした。

森　襷リレーした後の過ぎ去っていく運営管理車っていいですよね。

杉野　東洋大学の酒井（俊幸）監督の、最後「ありがとうなー、お疲れー」っていうワントーンの渋めのあの声。選手が監督に対してペコってお辞儀してるのがすごくじわっとくるというか、どの選手と監督のシーンを見ても泣いちゃう（笑）。

蛯原　徳本監督といえば、彼自身が途中棄権したときの実況のフレーズ。2022年5月に亡くなった河村亮先輩が実況していました。（法政大学の）成田（道彦）監督が徳本を止める瞬間に「成田監督、止めた！」って実況したんですけれど、当時は監督が触ったらそこで途中棄権というルールだったので、徳本君が蛇行してなかなか止まらない。「まだまだ俺走る」って言って。横浜駅の手前ですよね。

森　史上最も早い途中棄権でしたね。

蛯原　途中棄権をした選手が監督になって運営管理車に乗っているというのも、感慨深いものがありましたね。

平川　さっきの東洋の酒井監督で思い出したけれど、第92回の2区で服部勇馬選手が走って最後の厳しい坂を上っているときに、「お前が目指すのは世界だ！」。

森　ああ、言ってた。あれでギア上がったんですよね。

平川　箱根駅伝の目的は世界に通用するランナーを育てる、オリンピックランナーを育てること。それを大学の監督、指導者はすごく考えている中で、服部選手は大学4年間で成長していった選手だと思うんですけれど、最後の最後にその言葉で背中を押したというのが箱根駅伝らしいすごくいい言葉だな、かっこいいなと思いましたし、それに応えた服部選手もすごいなって思いましたね。

森　世界を目指す選手がいる一方で、もちろん箱根駅伝で陸上競技人生を辞めてしまう選手もいて。

蛯原　となると地下翔太選手。２０１１年、震災の前の大会です。上武大学の地下翔太選手、４年生。最初で最後の箱根駅伝、熊本県の球磨村出身。私はバイクに乗って1回フィニッシュに行ったんだけど、後方の選手を撮りに行くからって戻るんですね。最初は「日大についていてくれ」と指示されたけれど、途中で「ごめん、やっぱ上武だ」「上武ですね」とやりとりがあって上武大学についていたら、地下翔太君だったんですね。

私ね、１年生のときに取材してたんですよ。当時、花田（勝彦）監督が、「あと一歩力が足りなくてなかなか走れないんですよね」みたいな話をしていたんです。それを思い出して、「あのときの地下君、４年生で走れたんだ」と喋りながらちょっと涙が出そうで。中央通りも終わって最後、もうフィニッシュする直前に花田監督が「おー、地下ありがとな。熊本から来て、わざわざ来てくれて」。群馬県の上武大学まで来てくれてありがとう、と声をかけているんです。続けて「ありがとな。見てみろ、お前の花道だぞ」と。もう号泣ですよ、こっちは。沿道は鈴なりで、本当に頑張れ、頑張れって、ずーっと続いてるんですよ。それを私は横で一緒に見て、聞いているわけです。ディレクターに、「エビ、そろそろ行くぞ」と言われて「いや、もうちょっと待ってください」と言って、もう、ちょっと声震えながら、「上武大は4年生の地下翔太です。最初で最後の箱根駅伝です」と実況し始めたのを覚えています。最後、フィニッシュ終えてコースに向かってお辞儀してね……。

地下君は球磨村の村役場に就職したんですけれど、彼は今、市民ランナーとして走り続けています。これも理由があって、自分のそういう姿を見せるのが一つの恩返しになるのではないかと。じつはあの後、あの九州豪雨に球磨村も巻き込まれて、地下君のおじいさんが亡くなってるんですよね。彼は村役場で働いているので、災害の救助活動というかいろいろなことをやりながらそういうことも乗り越えて、今年3年振りに開催された熊本城マラソンという市民マラソンで、災害で泥だらけになったユニフォームを着て走ったそうです。これで競技は終えるけれどそれを財産にして人生につながっている選手はむしろ多い。それが箱根駅伝ですね。

森　箱根駅伝ってどうしても4年間の物語って捉えがちですけれど、長い一生の中での4年間のきらめきみたいなものもあって、長く取材すればまた違った人生も見えてきますよね。

杉野　自分が現場にいたわけじゃないんですけれど、私、箱根駅伝が大好きで、その大好きが全部詰まった実況というのが一つあって、書き起こしてきました。第95回大会、10区、1号車の蛯原さんの東海大優勝だった……。

徳島　あ、かぶった！

森　東海大の？　中央通りの？

杉野・徳島　そう！

森　あ、わかる！　あれはね。

蛯原　俺がわからない（笑）。

杉野　郡司陽大君が笑顔で走ってるときに、出場46年目での初優勝、創部59年間の仲間の思いを背負っている、日本のマラソンの父金栗四三から始まり、すべての歴史を語って。さあ、平成最後の王者東海大って。

徳島　あれ？　そこまで？

私、箱根駅伝が大好きで、
その大好きが全部つまった
実況というのが一つあって

森　その先だよね。

徳島　その続きも良いんです。「速さから強さへ。——この瞬間を楽しみに待っていたOBたち、箱根を走れなかった人、この瞬間を見られずに病に倒れた人もいるかもしれません。青空の向こう、その瞬間を待っていた人たちが喜んで声援を送っています」って蛯原さんが言った瞬間、映像が切り替わって、フィニッシュテープで待っている仲間たちの笑顔、拍手が映る。涙ですよ、これは本当に。家の全録ですぐ見られるよう、頭出ししてあります。

森　どんなときに観るの（笑）。

杉野　どんな思いだったんですか。

蛯原　……これも話したら長いんですよ。めちゃくちゃ深いんです、私の中では。入社1年目の私の役割は1号車のサブアナといって、1号車の船越雅史アナウンサーの実況のサポートをする役割だったんですね。スタートして日比谷通りを走る選手に「うわー、テレビで観ていたのを俺、生で見てる」って感激して、実況を横で見て、いつか1号車で自分も実況したいというのが夢になりました。それからいろいろやって、夢の1号車に乗ることができたのが第95回大会なんです。

私は若い頃怒られてばかりだったんだけど、そんなときに東海大陸上部出身で放送作家の西宮晋さんという人がいつも助けてくれたんですよ。学生時代は主務として箱根駅伝に関わり、卒業後、箱根駅伝を語り伝える側に回った方で、私たちアナウンサーの頼れる相談相手で……「エビ、いつか1号車やれよー」って言ってくれていて。その西宮さんが、私が1号車をやるのを見ることなく遠くへ旅立たれてしまったんですよ。だから夢だった1号車が決まったとき、西宮さんのご家族のところに初めて行って手を合わせて。子どもたちも奥さんもいて、まだ遺骨があってね。「行ってきます」みたいな感じで行って、夢だった1号車に乗って。そうしたら西宮さんの母校の東海大が先頭。でね、中央通りにアンカーの郡司君が来たとき、真っ青な空だったのよ。東海ブルーだったの。「なんだ、これは。西宮さん、絶対見てるんだ」と思いながら、実況したんですよ。

徳島 あの実況にはそういう背景があったんですね……。

森 平川さん、何年箱根駅伝に関わってらっしゃるんですか？

平川 次が32回目。入社以来一度も途切れずに、箱根の中継には関わらせてもらっていますけれども、いざ名実況とか名フレーズって言うと難しいな……。

徳島 じゃあ、私、平川さんの名実況を挙げてもいいですか？

森 ぜひお願いします。

徳島 第97回。２０２1年1月2日のスタート、いや、スタート前からですね。コロナ禍初の箱根駅伝で無観客、そもそも大会ができるのかできないのかわからな

ここにいないことこそが
一番の応援なんだというのが
あらためて伝わってくるフレーズで

い。いつもは鈴鳴りの観衆で身動きも取れないのにガラーンとした大手町で、もう寒々しいような映像がある中、まず平川さんが「歴史をつなごうと動き続けた学生たちの思い、支える仲間、見守る家族、祈りを込める卒業生、そして心から応援したいからこそ、今この場にいない皆さんの思い、すべて21本の襷に込められています」。そうなんです。ここにいないことこそが一番の応援なんだというのがあらためて伝わってくるフレーズで、そしてパンと号砲が響いて走り始めて、あの日比谷通りにグッと曲がってくる瞬間って、いつもは耳が潰れるんじゃないかと思うぐらいの歓声なんです。けれどもその瞬間も、今年は静かで寂しいなと思ったら、平川さんが「この日を信じ続けた学生たちの晴れ舞台、大手町のオフィス街に選手たちの足音が響きます。いつもより高らかに誇らしく響く21人の足音です」。足音、いつもは聞こえないんですよ。

蛯原　キャッチコピー、ありましたよね。「応援したいから応援に行かない」

平川　本当に開催できるかできないか、やっていいのか、いけないのかという議論がずっと続いていて。でも学生たち、駅伝、マラソンの選手というのは、本当に日々の生活から律していく中でやれるのかやれないのかわからない中、頑張っているモチベーションってなんだろうと思ったら、もうあると信じてやり続けるしかないな、と思ったんです。スタートラインに立って号砲が鳴った時点で、彼らの夢が叶ったなという思いがあって。でも足音、本当に聞こえたからね。

杉野　スタート直前に初めて心臓の音が聞こえそうだなあと思ったり、シューズの走る音がちゃんと聞こえて、ビル街だから特にこだまして、静かでかっこいいとさえ思っちゃう不思議な感じでした。

森　蛯原さんどうですか。

蛯原　森さんに「山の神」の真実を伝えてもらえれば。

森　河村アナウンサーの実況ですね。「山の神ここに降臨。その名は今井正人」。あの言葉は河村アナウンサーが、今井選手がフィニッシュテープを切った瞬間に言って、箱根駅伝の5区を象徴する言葉になったわけなんですけど、あの言葉を最初にこの世に生んだのは日本体育大学の北村聡選手だったんです。

北村選手が3年生のとき5区を走るということで、私が大会前に取材してたんですね。「5区初めて走りますけど、どうですか?」と聞いたら、「いやー。山には神がいますから」って言うわけですよ。「神ってどういうこと？」と尋ねたら「今井君」。僕は取材をしているだけなので、北村選手の言葉としてみんなで共有する取材メモに書いてるわけですね。つまり、今井選手の実況をしようと思って今井選手の取材メモを見ても、そこには「山の神」という言葉が出てない。北村選手と今井選手が併走していた瞬間があったからこそ、北村選手の言葉として今井選手のことを「山の神」と表現した。そうやって放送に乗ったんです。初めて言葉に出したのが蛯原さん。けっこう序盤でしたよね。

蛯原　北村選手がそう言っています、みたいな説明というか。

森　その後、今井選手が北村選手を抜いていって、河村さんの実況の中で「山の神」が出た。

蛯原　中継車も襷リレーしているんだよね。

森　そうやって実況がつながって、放送の中で箱根を象徴する言葉になり、二代目三代目が生まれて。

杉野　山の妖精も生まれ、湘南の神も生まれて（笑）。

蛯原　山で思い出したのが、自分が初めて中継で喋った小田原中継所。鈴廣かまぼこさんの鈴木智恵子会長は、それこそテレビ中継をやる前からあそこで箱根駅伝を見ている方だからね。これは絶対いい話を聞けると思って、応接室だったたか社長室だったか、話を聞きに行きました。そのとき「昔はね、選手が山下りはね、跳んできてね」と言って、「跳ぶんですか」と聞いたら「本当に跳んでくるのよ」と。ぴょんぴょんぴょんぴょんぴょん走るから跳ぶ、と言ったんだよね。それを小田原中継所で言ったか言わないか……。

森　言ってないんですか？（笑）

蛯原　私が言ったかどうかはね、もうどうでもいいんですよ。そんなことよりも鈴木さんが跳ぶと言った言葉、これが宝物だった。

森　「初めて」で言うと、僕が1年目で1号車の船越アナウンサーのサブについたんですけれど、そのとき矢島（学）アナウンサーが鶴見中継所で、今でも覚えているのが復路、東海大が繰り上げスタートになってしまうんです。間に合うか間に合わないかギリギリで、残り20秒、結局間に合わなくてピストルが鳴ってしまうんですけれど、鳴ってスタートした瞬間に9区の選手がパッと入ってくるわけですよ。復路の鶴見中継所の側道がちょうど200m。「23㎞走ってきてわずか200m届かなかった」と矢島さんが言ったときに、あ、そうなんだよな、箱根駅伝ってただ23㎞を走るレースじゃないんだというのをあらためて感じて。頑張ればゴールはもちろんできるんだけど、わずか200m届かなかったことによって彼がしたかったことが達成できなかった。その非情さを教えてもらったのが1年目。

いまだに思い出します。自分が中継所を実況するときにこんなことは起こらないでくれって思うし、その200mというわずかな距離を埋めるために選手たちは頑張ってきたんだなって感じます。

蛯原　2号車を担当しているときに早稲田が優勝して、東洋大がついていて、「200㎞以上走ってきてわずか何十m届かないか、東洋大学」って実況したのは矢島さんの言葉が体に染みついていたんだろうね。耳に残ってるからそのまま出ちゃってるんでしょうね。

森　あのときの差は21秒でしたね。

蛯原　100mくらいか。

森　次の年でしたよね。東洋大学のスローガン「その1秒をけずりだせ」が生まれたのは。10人で走って21秒届かなかった。1人あたり2秒足りなかったから早稲田に勝てなかったということで、東洋大学があのフレーズを作って。

平川　山梨学院の上田（誠仁）監督と学生の話も忘れられないね。12月10日のエントリーでメンバーに入れなかった4年生がいて、でも翌朝、彼が一番乗りでグラウンドの掃除をしたりしている。上田監督は選ばなかったことにちょっと後ろめたさもあったのかもしれないんだけれども、場を和ませるように、「選ばれなかったのに一番乗りで来てるのか」みたいな感じで声をかけたら、「僕の箱根駅伝は終わっちゃいましたけど、僕たちの箱根駅伝はこれからじゃないですか」って。チームスポーツらしいというか、自分は4年間選ばれなかったけれども、チームとしての箱根駅伝をこれから頑張るんだというのを表現していますね。

森　そうですね。それで言ったら中央大学の舟津彰馬君。

一同　あー。

森　藤原（正和）監督が中央大学の監督になって1年目、不甲斐ないチーム状況を見て気合いを入れるために1年生をキャプテンにして、それが舟津彰馬選手。でも予選会で敗れてしまって、連続出場が87回で途切れてしまうんですね。藤原監督になったことで、我々マスコミの注目度も非常に高い。OBの方々も含めて歴史あるチームです。たくさんのことがある中で出場できなかった。最長の連続出場記録を途切れさせてしまったときに、1年生キャプテンの舟津君が「自分にすべてぶつけてください！」と予選会のあった立川で絶叫していたんですよね。

「僕の箱根駅伝は終わっちゃいましたけど、
僕たちの箱根駅伝は
これからじゃないですか」って

蛯原　「自分は許しません」とも。

森　そう。「もし、先輩方に文句を言うような人がいれば、自分が受けて立ちます。先輩に心ない声や、そんなことを言うような人がいれば、自分は許しません！」。中央大学の歴史とか責任とか、我々が思っている以上のものを彼が背負っていたのを感じて本当に震えが来たし、これも箱根駅伝なんだなって感じましたね。

蛯原　藤原監督の中央大がもし優勝することがあれば、絶対そういうところもしっかり届けたいなっていう気持ちがありますね。

森　中央大学で言えば、田幸《たこう》寛史さんが監督になったときに「中央大学であるからには優勝を目指さなければならない」と。

蛯原　必ず言ってましたね。

森　チーム状況がどんなに苦しくて、選手の持ちタイムがなかなか厳しいときでも、「この大会の目標は何ですか?」と聞くと「優勝です。中央大学であるからには優勝を目指さなければならない」。これはすごいって思いましたね。

蛯原　絶対ブレない。

森　箱根駅伝という歴史もですけど、各大学が持っている歴史も大きいですよね。

蛯原　東海大が優勝したときの8区、東海大の小松（陽平）君と東洋大の鈴木（宗孝）君がすごい先頭争いをして、基本的には東洋の鈴木君が前で東海の小松君が後ろで。鈴木君は1年生、小松君は3年生で小松君の方が実績がある。最後、小松君が抜けて東海大が優勝するんだけど、そこでずっと鈴木君を追いかけなきゃいけないと思ったのよ。それが私の役割だと思って、毎年、東洋に取材に行きました。「鈴木君どうですか」って酒井監督に必ず聞いて、結果的にはもう2年生も3年生も4年生も走れなかったんだよね。もし走れたら、もし8区で東海大を逆転するようなことがあったら絶対実況したいと思っていたんだけど、走れなかった。そういう思いもアナウンサーはみんな持って取材をつなげてるんじゃないかな。あのシーンってそれこそずっと彼が背負っていくよね。俺のせいで負けたって思ってるじゃない。だから勝ったチームだけじゃなく、負けたチームにもちゃんと足を運んで、ずっと取材しないといけないと思っています。酒井監督が「面白い人がいるんだよ、蛯原さん」と教えてくださって。鈴木君は、確か高校1年の途中までサッカー部。陸上では無名の県立高校出身だった。それが1年生で8区を走って。鈴木君に会いたいとずっと毎年思っていた。

森　4年くらい前ですか？

杉野　第95回のときに1年生だった。

蛯原　メンバーから外れていると、取材の対象じゃないから会えないじゃない。ちょっと寮をうろちょろして、見つけたのよ。掃除してたの。そうしたら「すいま

結局、人に支えてもらっているわけでしょ。
そういうのを忘れちゃいけないって
本当に箱根駅伝に教わっています

せん」って謝るわけ。なんかね……。
杉野　泣かないでください。
蛯原　もし東洋大を実況する機会があったら、どこかで鈴木君のことも言いたいなって思いますね。やっぱりそういう彼らがいるから10人が走れているわけだし。
森　勝つことを目指すレースではあるけれど、それぞれの目標が違いますからね。
蛯原　それを箱根駅伝で教わりましたよね。人生訓として。言い過ぎ?
森　いやいや、そんなことないと思いますよ。
蛯原　アナウンサーって、なんとなく注目されて派手な仕事してる感じがするけれど、結局、人に支えてもらっているわけでしょ。そういうのを忘れちゃいけないって本当に箱根駅伝に教わっています。
杉野　さっき平川さんとお話ししていて、「名実況とかフレーズって難しいですよね。いろいろあり過ぎて」と言ったら、平川さんが「結局、この箱根駅伝で名実況、名フレーズって本当はないんだよ」「選手たちが躍動したり、その結果として言葉があるから。その言葉を生み出すために、アナウンサーが何かをしているわけじゃないんだよ。実況の言葉も広くいろいろな人に愛されたり、書いていただいたりするから定着するんだ」とおっしゃっていて、けっこうじんわり来て。やっぱりまだまだだな、って。私としては良い言葉を残したいなとか、それこそ去年初めて沿道リポートという形で声を出させてもらったんですけれど、地上波のあそこの場面で声を残すってすごく緊張するんです。やっぱり舞い上がっちゃって、何か良いことを言いたいって気を張ってたんですけれど、そっかー、良いことを言おう、何か残そうじゃなく、走っている選手、それを見ているファン、学校関係者、そういう人たちの思いで放送が成り立ってるから、言葉をなんとかしようじゃないんだなってさっきも学んで。やっぱり箱根でいろいろ学べます。

蛯原　河村さんも、「山の神」を喋ったアナウンサーって言われるのはあんまり好きじゃなかったと思う。

森　僕もそう思います。

蛯原　「山の神」という言葉だけが独り歩きして。だって、もとは自分の言葉じゃなくて日体大の北村君の言葉だし。それをリレーして最後、フレーズとして実況されたわけだけど、実況アナウンサーとして名言を残すとか大嫌いな人だったし。

平川　杉野さんも言っていたけれど、箱根駅伝は注目していただけるイベントなので、例えば1月4日の朝とか、もうニュースや情報番組でいっぱい取り上げていただいて。我々の実況にスーパーがバーンと乗って耳にも届く目にも届くっていう中で、我々はふつうに情景描写をしているだけのはずが、言葉だけ独り歩きしていっちゃうような、その部分だけ残っちゃうっていうところがあるよね。

我々が伝えたいのは、本当に選手の頑張りだったり選手の一年間だったり風景の美しさだったりなんだけど、言葉だけ切り取られてしまうのは残念だと思うし、逆にそこを目指すのも違うよねって話を杉野さんとしていて。ちょっと逸れましたけれども、地下君の話のように、ああいった形で選手の努力とか監督たちの思いとかがね、うまく放送に乗ればいいのかな、と思いますね。

蛯原　時間には限りはあるんですけど、取材に行って、選手や監督や周りの人と一緒って言ったらおこがましいんですけれど、ちょっと寄り添うということができたらいいですよね。なんて言えばいいんだろう。例えば話を聞いた選手がレースで集団から遅れたのにまた戻ってきたりすると、単純にもう感情が言霊になるんですよ。第83回大会で日本体育大学の石谷慶一郎選手が、6区の山下りで日本大学の末吉翔選手とものすごいデッドヒートを演じて1回離れたのに戻ってきたときは、「僕に行かせてくれ」って感じで割り込んで「帰ってきました」って実況したのをすごく覚えている。けれどそれはね、用意するとかじゃないし、名言を残すとかでももちろんないし、とにかくこの瞬間を絶対届けたいし、届けなきゃいけないっていうのがつながって、放送になってるんじゃないかなって思いますけどね。

平川　こんなこと言ったら自分たちの仕事を否定してるみたいだけど（笑）。でも、そういう形で言葉が残るっていうことも多いわけですね。

森　いわゆる映像というか、その瞬間、選手たちの頑張りがあって、そこに我々がたまたま発した言葉がマッチしてたくさんの人に届いたというだけだから。

蛯原　今それで思い出した。第97回のフィニッシュをやっていた森さんの、「創価大学の準優勝」はいい言葉だったと思うよ。2位じゃなくて準優勝って言って、彼らを讃えたのはすごく良かったんじゃないかな。

森　本来であればね、駅伝のレースっていうのはトーナメントじゃないから優勝は優勝だけど、2位は2位。

平川　でも、準優勝という言葉を使って讃えたかった。それは良かったよね。

森　ただ、あれももちろん準備できるわけないですからね。良いこと言ってやろうって思ってたら絶対に喋れないし、その場にいる選手の走り、表情、そういったものがポッと我々から言葉を引き出してくれたっていう感じがありますよね。

「箱根駅伝　今昔物語」放送一覧

放送年（大会数）	タイトル・テーマ	ご出演・ご紹介させていただいた方
1987年（第63回）	箱根駅伝の起源	佐原東三郎（明治大ＯＢ）
	箱根への第一歩	上田誠仁（順天堂大ＯＢ）
	五輪の星	宇佐美彰朗（日本大ＯＢ）
1988年（第64回）	大正9年　第1回大会の思ひ出	麻生武治（早稲田大ＯＢ）
	箱根名物「駅伝おばさん」	曽我益子（好楽荘女将）
	戦中と戦後「箱根駅伝激動の時代」	村上利明（中央大ＯＢ）
	陸の王者慶應「最終10区の逆転劇」	北本正路（慶應大ＯＢ）
	青山学院最後のランナー「永遠の150M」	杉崎孝（青山学院大ＯＢ）
1989年（第65回）	大正9年　第1回大会の思ひ出	加藤木貞次（慶應大ＯＢ）
	走れ三代目「駅伝おばさん」	曽我登美代（好楽荘女将）
	記憶にないゴール	西田勝雄（中央大ＯＢ）
	早川のてっぽう屋	太田銃砲店の方々
	森本監督が語る「愛敬ブレーキの秘密」	森本一徳（日本大ＯＢ）
	チームメイトストーリー	衛藤道夫（順天堂大ＯＢ）
	再び走れる喜び	西内（平井）文夫（中央大ＯＢ）

1990年（第66回）

中大不滅の6連勝　若松軍蔵大逆転……若松軍蔵（中央大OB）
オリンピックへの架け橋……村社講平（中央大OB）
憧れの箱根駅伝……大八木弘明（駒澤大OB）
秘密の宝物……大塚勇三（東京文理科大OB）
戦火の中で……中根敏雄（法政大OB）
襷を渡せなかった男たち……曽根雅史（早稲田大OB）

1991年（第67回）

最多出場男の想い出……曾根茂（日本大OB）
敗戦を乗り越えて……高橋豊（立教大OB）
世界を制した男の見果てぬ夢……田中茂樹（日本大OB）
2人で走った3時間7分……太田茂照・佐藤清一（日体大OB）
たすきを渡せなかった男達……山本浩一（明治大OB）

1992年（第68回）

HAKONEを駆けた4年間……ジョセフ・モガンビ・オツオリ（山梨学院大OB）
短距離からの転身……大木正幹（法政大OB）
走り続けた10年間……西村良三（中央大OB）
信頼で継いだタスキ……愛敬実（日本大OB）
襷を渡せなかった男たち……辻裕之（亜細亜大OB）
兄が走った箱根駅伝……高橋百合子（兄が立教大OB）

1993年（第69回）

若きランナーへ贈る言葉……竹中正一郎（慶應大OB）
ラジオのこぼれ話……北出清五郎（元NHKアナウンサー）
憧れの箱根駅伝……石井徹治（神奈川大OB）

1998年（第74回）

伝統のタスキを胸に……山本佑樹（日本大OB）
「箱根」からの贈り物……木村久（東京学芸大OB）
箱根への巣立ち……青葉昌幸（日本大OB）・貴幸（帝京大OB）
箱根駅伝よ永遠なれ……釜本文男（元関東学連会長）
唯一無二の箱根駅伝……杉山繁雄（日本大OB）

1999年（第75回）

新たなる挑戦……古田哲弘（山梨学院大OB）
忘れ得ぬ日々……山田久一（日本大OB）
天国と地獄……神田睦夫（早稲田大OB）
出たくなかった箱根駅伝……小島成幸（立教大OB）
13秒の無念……平山浩（法政大OB）

2000年（第76回）

箱根と共に100年……土屋峯三（箱根町在住）・邦夫（立教大OB）
六連覇の秘密……栗原正視・二宮隆明（中央大OB）

2001年（第77回）

ブレーキを乗り越えて……田中康秀（大東文化大OB）
弟と箱根駅伝……山手修（弟が日大OB）
箱根駅伝がすべてつながっている……小出義雄（順天堂大OB）
20世紀の忘れ物……青地球磨男・羽木光三郎（立教大OB）
繋げられなかったタスキ……石川末廣（東洋大OB）

2002年（第78回）

一年越しのタスキリレー……伊藤孝志（東海大OB）
初代優勝旗の思い出……岩渕邦朋（日本大OB）
雪の箱根路……佐藤一雄（成蹊大OB）

2008年（第84回）

途切れた襷……大村一（法政大OB）
箱根から世界へ…　そして箱根へ……室矢芳隆（中央大OB）
箱根駅伝誕生余話……澁谷壽光（東京高師OB）・鈴木幸子（娘）
再び箱根駅伝へ……神屋伸行（駒澤大OB）

2009年（第85回）

箱根駅伝はわが人生の誇りなり……百東武雄（東京農大OB）
「途中棄権」33年間の呪縛……杉崎孝（青山学院大OB）
もう一度箱根を目指して……真也加ステファン（山梨学院大OB）
たった一度の箱根は「人生の宝」……西村暢二（埼玉大OB）

2010年（第86回）

箱根から世界へ　夢の継走……三浦弥平（早稲田大OB）
ブレーキを乗り越えて……田邉定明（中央大OB）
亡き兄と箱根駅伝……佐藤和雄（兄が中央大OB）

2011年（第87回）

百歳山上りの記憶……松本源吾（中央大OB）
継がれる熱血……前田康弘（駒澤大OB）
箱根駅伝　世界への通過点……帖佐寛章（東京教育大OB）

2012年（第88回）

関東大震災を乗り越えてつながった箱根駅伝……尾崎尚子（小伊勢屋旅館女将）
箱根で学んだ五輪の教え……花田勝彦（早稲田大OB）
箱根への恩返し……内野慎吾（中央大OB）
親子2代　夢、叶う……小川保夫（東京農大OB）・博之（国士舘大OB）
完全燃焼で箱根から世界へ……川内優輝（学習院大OB）

2013年（第89回）

箱根から世界へ……中本健太郎（拓殖大OB）

2018年（第94回）
恩師と挑んだ箱根　陸上への情熱今も……高塚俊（早稲田大ＯＢ）
箱根の誇りを胸に　東京五輪の記憶……岩下察男（中央大ＯＢ）
93歳　戦時下を駆けた青春……児玉孝正（慶應大ＯＢ）
選ばれし者の決意……猪腰嘉勝（国士舘大ＯＢ）

2019年（第95回）
世界へ続く箱根路　ライバルとの激走……設楽悠太（東洋大ＯＢ）
井上大仁（山梨学院大ＯＢ）
大迫傑（早稲田大ＯＢ）
執念の襷リレー……志村文男（立教大ＯＢ）
最後の名物応援　箱根恵明学園……大橋ミチ（箱根恵明学園　寮母）
復活大会を駆けた誇り……齋藤雅次（中央大ＯＢ）

2020年（第96回）
箱根からＴＯＫＹＯへ……中村匠吾（駒澤大ＯＢ）
服部勇馬（東洋大ＯＢ）
26年の時を経て今……千葉信彦（筑波大ＯＢ）
箱根駅伝100年に寄せて……（金栗）スミ子・ヨシ子・元子
ラガーマンから箱根ランナーへ……若山雄市・佐藤勇（明治大ＯＢ）

2021年（第97回）
戦後復活大会　今へ運ぶ風……二見忠義（明治大ＯＢ）
異国の教え子を五輪ランナーへ……高橋賢人（大東文化大ＯＢ）
地元復興へ　再び走る……地下翔太（上武大ＯＢ）

2022年（第98回）
箱根駅伝にかけた情熱……碓井哲雄（中央大ＯＢ）
44年ぶりの大学生五輪ランナー……竹澤健介（早稲田大ＯＢ）

2023年（第99回）

執　筆　小堀隆司（第一章～第四章）
執　筆　松原孝臣（コラム3、座談会）
執　筆　和田悟志（序章）
撮　影　杉山拓也
デザイン
イラスト　城井文平
協　力　日本テレビ
スポーツ局「箱根駅伝」中継班
グローバルビジネス局コンテンツビジネス部出版班

箱《はこ》根《ね》駅《えき》伝《でん》「今昔物語《こんじゃくものがたり》」
100年《ねん》をつなぐ言葉《ことば》のたすき

二〇二三年十二月十日　第一刷発行

編　者　日本《にほん》テレビ放送網株式会社《ほうそうもうかぶしきがいしゃ》
発行者　松井一晃
発行所　株式会社　文藝春秋
〒一〇二－八〇〇八
東京都千代田区紀尾井町三－二三
☎〇三－三二六五－一二一一

印刷製本　TOPPAN
組　版　エヴリ・シンク

ISBN978-4-16-391792-4